图解 精益制造022

零浪费

丰田生产方式

図解　トヨタ生産方式

[日]佃律志 著　　滕永红 译

人民东方出版传媒
People's Oriental Publishing & Media
東方出版社
The Oriental Press

目录

序言

丰田作为高质量、高收益的企业，一直备受各方面的关注，它经过多年的发展，实力越来越强大。自从泡沫经济崩盘以来，对“丰田生产方式”感兴趣的企业越来越多，有些引进丰田生产方式的企业将其成功案例发表以后，公众对丰田生产方式的关注度也越来越高。但是，也有很多企业虽然引进了丰田生产方式，却并没有取得良好的成效。我们与这样的企业交流的机会也开始增多了。

笔者初次接触丰田生产方式是在33年前，实际开始研究是从昭和五十一年（1976年）在日本能率协会听资深顾问的讲演时起。据说，丰田认为“**过量生产是一种罪恶**”，这种想法产生于昭和三十年（1955年）。丰田一直都在为尽量做到不要拥有半成品而努力，其代表性的方式之一就是“看板”，它运用看板来取得一定成果的组织结构，不能不让人感到惊奇。

但是，当时最令人吃惊的就是丰田的经营思想。它认为拥有半成品是与高水准的企业相背离的，要做到没有半成品需要很高的技术和严格的管理。这是总结多年经验而形成的一种经营方式，不仅丰田，许多相关企业也都建立了这样的组织结构。

之后三十多年，在进行各种改善活动的过程中，很多企业都试着向丰田生产方式挑战，并深切认识到，如果经营者对其理念和继续性没有坚定的意志，不但不能培育出吸收丰田生产方式的体制，还会遭受沉重的打击。

相反，在改善活动的过程中取得成功的企业事例也有很多。据说，如果能够充分理解消除浪费的思想，正确活用消除浪费的方法，对于任何企业来说，丰田生产方式都会存在着可以运用的部分。因此，本书将以消除浪费为重点，来说明看板等内容。

第一章到第三章将以关于丰田生产方式的介绍为中心。丰田生产方式是丰田独特的用语，它认为：“**后道工序需要的时候到前道工序去领取所需的零部件或产品，前道工序生产将被领取的零部件或产品。**”这是一种与传统生产方式相反的生产方式，所以对于习惯了传统生产方式的人来说，是很难全面理解的。为了使大家容易理解这些内容，本书将尽可能地以简单的方式进行说明。

第四章讲述的是世界通用的用语——改善。虽说企业是培养人的地方，但是也有很多企业不注重人才的培养。在经济景气的时候对员工进行教育和培训，不景气的时候就裁员，更有完全没有培训的企业。丰田无论在什么时候都很注重人才的培养，培育一种“员工都能热心解决问题、改善问题”的体制，特别是坚持贯彻三现主义（现场主义）的思想。此章将说明以三现主义为中心的解决问题的方法。

就像大野耐一［丰田汽车工业副社长：昭和五十年~五十三年（1975~1978 年）］所说的“IE 是制造产品的基础工程”一样，第五章将就丰田排除浪费的原点——IE 手法进行说明。不能发现问题是因为看东西时比较粗心大意，如果采取比以前仔细 1~2 倍的方式来观察，就一定能够发现问题。虽说作为消除“停工等活的浪费”的手段，要尽量避免在多余的时间做多余的工作，但是在还没有达到能够对应此种做法水平的企业，没有一种细致的眼光，反而容易引起混乱。我们有必要通过 IE 手法来培育能够消除浪费的体制。

第六章是消除与人和机器相关的浪费。在活用“丰田七种排除浪费”方法的同时，具体说明让一人成功控制数台机器，来实现省人化（缩减人员）。

第七章将说明有关以生产线平衡为中心的消除浪费的事例。如果通过分析生产线平衡来学习有关待工的浪费和节拍时间（单件产品生产的时间）的知识，就很容易明白流程作业方式过程中的浪费出自何处。这样就连认为进行大规模改善是很难做到的企业，也会萌生改善的念头。

在像丰田那样花费很长时间建立了人和机器、设备体系以及公司系统的企业与没有建立这些体系和系统的企业，其改善的步骤当然不同。

有句谚语叫做“只见树木，不见森林”。在丰田，因为认为看见森林的想法很合理，所以有时候强调森林。但是它也经常仔细地观察树木，进行为了仔细看树木所需的培训。试着引进丰田生产方式的企业如果不看树木只看森林，其改善就会陷入消化不良的状态。

本书在说明丰田生产方式的同时，还将介绍笔者个人的实践经验和想法。希望这对于正在考虑引进丰田生产方式的企业和虽然想引进但是企业体制还达不到相应程度的企业，都是有参考价值的。

2006年6月

佃律志

专栏 1

营业和丰田生产方式

笔者在帮助工厂进行改善的时候，营业负责人提出了各种各样的要求，比如“因为产品质量不如其他公司，所以不畅销”，“希望通过降低制造成本来降低销售价格”等等。但是，即便是按照营业负责人的要求进行了改善，销售额还是没有增加，有时甚至出现下滑。

为了找出真正的原因，笔者与营业负责人交流了一下，他讲了很多关于他自己的汗与泪的经历。“昨天一大早就埋伏在客户的大门口等候着，可进展还是很不顺利”、“前天跟了一个目标客户一整天”，“我疯狂地进行推销，这一个星期交换了大约 200 张名片”。

但是，销售额并没有增加。因此笔者说：“我明白你做出了很大的努力，在制造方面也按照你的要求进行了改善。你能告诉我你今后的打算吗?”他说:“过去的这些努力都是为了增加销售额，我今后会更加努力，希望不久后你能看到我的成果。”可是他却没有说出具体的实施对策。

像这样的经历笔者有过好几次，每次都认为营业中包含着更本质的东西，存在着能够更有效率操作的某种方式。但是，因为自己只是生产中心的顾问，所以并没有正式地对营业展开研究。

但是，后来曾经有人对笔者说:“消除浪费绝对是有利于企业经营的，如果能试着以专栏的形式写出来的话，会收到很好的效果。”于是，我开始执笔此书。

本书通过丰田生产方式来说明丰田是如何发现7种浪费并将其消除，从而提高生产效率，使作业变得轻松的。希望对于消除企业经营中的浪费起到些许作用。

第1章 丰田生产方式的体系和基本思想

· 要发挥创意和灵感。

——丰田佐吉

丰田自动织机制作所 创始人

· 即使是干的毛巾，如果动脑筋也能让它出水。

——丰田英二

丰田汽车工业社长 昭和四十二年~昭和五十七年

（1967~1982 年）

1 丰田生产方式的目的是消除浪费，创造高质量、高收益

企业如果不产生利润就不能够永续经营。那么，让我们来再次思考一下何谓利润。

请参照图 1-1 中的成本结构和制造成本结构。

如果直接以制造成本的价格销售产品，就不能进行设备投资，也不能满足工资上涨的要求。在销售产品时，必须在总成本上加上利润，这就是销售价格。

由此可以明白，提高利润的方式有以下 3 种：

①提高销售价格；

②多产多卖（量产效果）；

③降低成本（降低制造成本）。

不过，若是竞争激烈的产品，是很难提高其销售价格的。并且，在像现在这样物质丰富的时代，对于多产多卖也不能抱有太大期望。那么，剩下的一条途径就是降低成本。现在，日本企业为了提高利润，都在拼命降低成本。

丰田生产方式的特点就是为了实现降低成本的目的，不仅在制造成本中，而且在丰田独特的生产结构中消除 7 种浪费。

而且，因为丰田始终坚持“产品质量是在工序中打造的”这一体制，所以在实现降低成本的基础上，也可以生产

出高质量的产品。

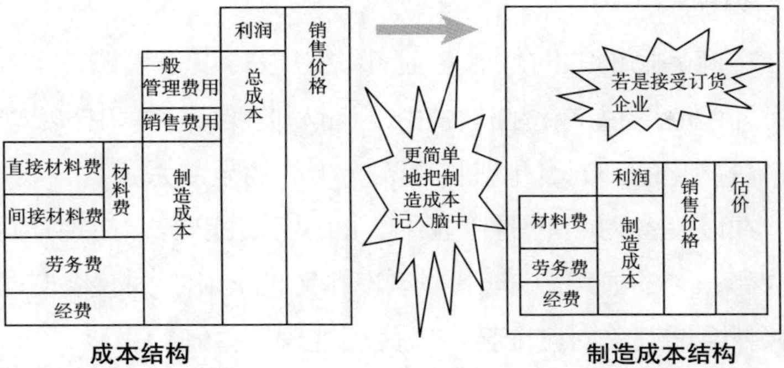

STEP 1

在经济增长无望的时代，降低成本（降低制造成本）将会产生成效。

STEP 2

丰田在其生产组织结构中彻底消除浪费。
通过准时化消除时间上的浪费，通过自动化提高产品质量。

STEP 3

通常企业在降低成本时，都考虑降低制造成本。 制造成本：包含材料费、劳务费、经费三部分。	**丰田7种浪费：** 以减少无效生产时间的浪费为中心目标，对生产结构加以改善。
材料费： 用于生产产品所购的主要原材料、辅料和外包外购零部件等费用。 **劳务费：** 用于生产的人员工资、福利等费用。 **经　费：** 用于生产的设备和机械的折旧费、电费、水费、煤气费、设备和机械等的保险费、通讯费等费用。	①生产过剩的浪费； ②不合格产品的浪费； ③待工的浪费； ④动作的浪费； ⑤搬运的浪费； ⑥加工本身的浪费； ⑦库存的浪费。

图 1–1　成本结构和制造成本结构

2 高收益的秘密在于生产方法的思想

在商品畅销的时代，企业都纷纷进行设备投资，实行以设备为中心的量产化生产方式。而与此相反，丰田推行“在实行量产化的同时，也坚持以人为中心的生产方式”。

在以设备为中心的企业中，如果引进设备，在短期内就能取得一定的成果。但是一旦设备陈旧老化，对设备厂商的依赖就会增强，有可能会难以灵活处理一些问题。

以人为中心的企业中，人与设备不同，虽然缺乏时效性，但是能够灵活应对多品种少量生产，从长期来看，可以不断创造附加价值。丰田生产方式从以人为中心的改善理念出发，开发出各种各样的手法。

丰田之所以会成为高收益企业，是因为它始终贯彻这样一种思想，认为**“从销售价格中减去成本就是利润，销售价格由顾客决定”**。其具体公式如下：

利润=销售价格-成本

如果其他公司的产品比自己公司的便宜，而且质量也好，顾客当然愿意购买其他公司的产品。要想让顾客购买自己的产品，就必须以比其他公司低的价格来销售产品。此时，如果销售价格低于成本价格，就会造成亏损。

如果要产生利润，就必须把成本降到销售价格以下。如果期望得到更多的利润，就必须彻底消除浪费，努力降低成本；并且，要依靠人的智慧才能够彻底消除浪费。

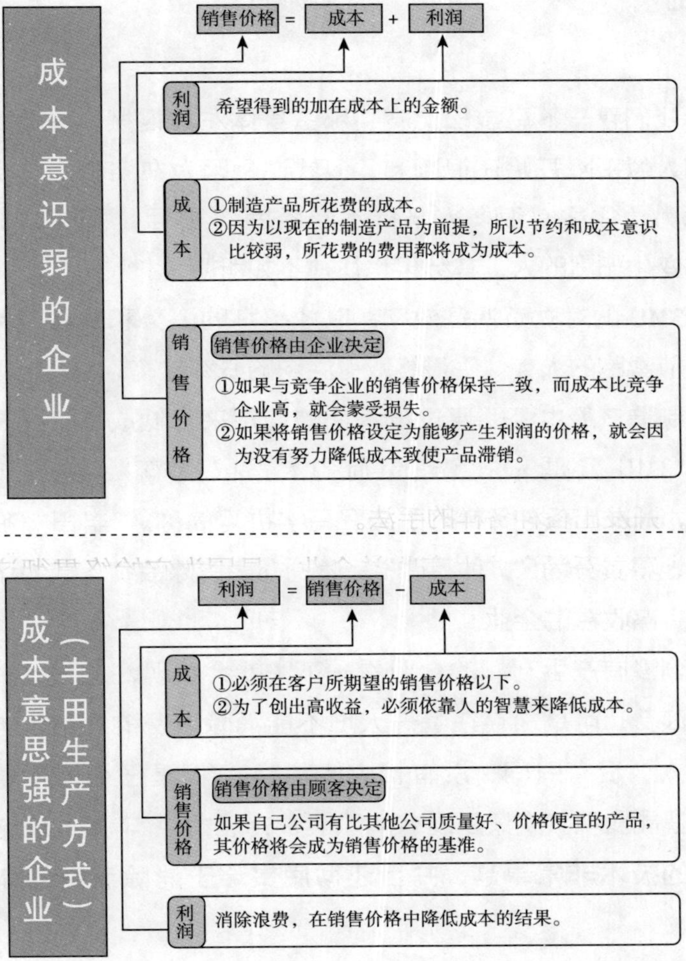

图 1-2 销售价格与利润的关系

3 通过彻底消除 3MU 来确立高质量、高收益体制

我们看一下马拉松比赛，那些身体左右摇摆、蹦蹦跳跳跑的人似乎刚开始还很顺利，但或许是因为在姿势上过于浪费体力，往往有很多人坚持不到最后。并且，那些忽前忽后、变化无常的人，其结果也往往不如所愿。

3MU 的对立面就是效率，以效率高的姿势和跑法，保持一定节奏跑的人，似乎最终取得胜利的概率较高。

制造产品也可以通过技术上的差别来降低成本，提高质量。3MU 就是 muri（超负荷的人员或设备）、muda（浪费）、mura（不均衡）的日文罗马字拼写简称。丰田却独具特色地将其分为“7 种浪费”，通过彻底清除浪费，成为了高质量、高收益的企业。

到没有产生利润的企业看一下，就会发现，企业虽说要清除浪费，可是却存在着一大堆不能消除浪费的理由，比如没有人、没有时间、没有相应体制等。但是仔细地观察一下，就能发现其实只是没有消除浪费的能力。**丰田发现这些浪费的技术非常卓越，并且还彻底贯穿于消除浪费的体制之中。**

图 1-3 是笔者在彻底消除浪费时的事例。从中可以看出，4 个工厂都存在着浪费，A 工厂在引进消除浪费的技术之初，生产效率只有 52%，即使是认为做得很好的 D 工厂，也

有 32%的作业工时浪费。如果我们培养一种善于发现浪费的眼光，就会明白，没有被我们发现的浪费还有很多。

①如果用心去寻找浪费，就会发现最初的生产效率是52%~68%。(明白浪费很多)
②如果拥有发现浪费的技术，4个工厂的生产效率都会稳步提高。
③如果持续改善，生产效率将超过100%。

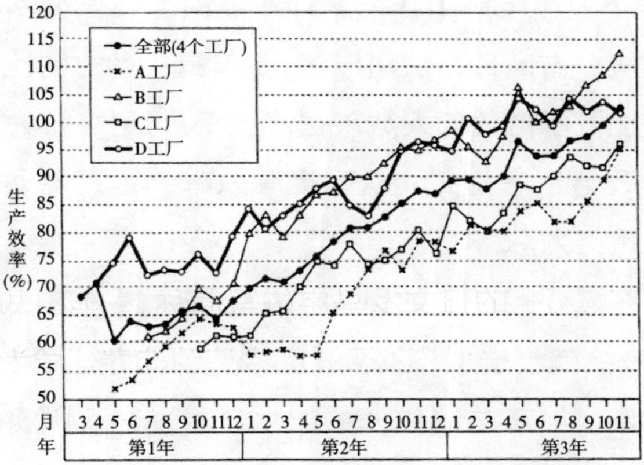

$$生产效率=\frac{生产量总工时数}{作业工时数-非作业工时数}\times 100\%$$

工时数是指(人数)×(作业时间)　　(浪费的生产时间)

图 1-3　消除浪费的事例

4 真正的效率和表面效率

效率是评价生产活动有效性的尺度。效率的表现方式有很多种，人的效率可以通过“**生产数量÷人数**”表示。一般要提高效率，可以通过增加机器的台数和人数来增加作为分子的生产数量。

比如，10个人在生产100个某种产品时，我们要将其生产效率提高20%，有两种方法可以考虑。第一种方法比较容易，即通过增加机器台数和人数来提高效率。另一种方法是通过减少人数改善生产方式，从而提高效率，这需要动一番脑筋和作出一番努力。

但是，顾客需要的产品数量为100个时，提高效率生产100个以上的产品就会造成不必要的浪费。即使提高计算上的效率，可只是增加了与销售无关的生产量，这可以看做是一种表面效率。在丰田，这样做是绝对不允许的。

另一方面，如果用8个人就能生产100个这样的产品，显然，效率提高了20%。用现有的8个人和设备生产出原本10个人才生产出来的产品数量，实际上是降低了成本，这才叫做真正的效率。

在经济高度增长和销售不断增长的时期，在成长的光芒下很难发现浪费，从现状来看，任何一个企业都没有富余产品。引起这种生产过剩的浪费的原因之一就是无视顾客需求数量，任意提高生产数量的表面效率。

表面效率的提高会引起生产过剩的浪费，结果只是增加了库存。在丰田，这是在生产现场的浪费中最被重视的一种，是绝对不允许发生的。

效率 = 生产数量 ÷ 人数

现状：用10个人生产100个产品。顾客所需要的产品数量为100。

区　别	说　明
表面效率 用10个人生产了120个产品	· 顾客所需要的产品数量为100个，所以有20个是多余的，是生产过剩的浪费，从而将衍生为库存的浪费。 · 因为增产了20%，在生产时间上作了改善，成本降低了，但是生产过剩的产品在搬运和库存方面花费了比成本减少部分更多的费用。
真正的效率 用8个人生产了100个产品	· 可以根据所需产品数量配置人员。 · 既没有多余的库存，也降低了成本，可以说是实质效率的提高。

图 1-4　真正的效率和表面效率

丰田语录　各种效率

· 如果通过提高自己工序的效率，使各种效率提高，那么整体效率就会提高，生产效率就会提高。

· 提高各种效率会引起生产过剩，妨碍生产流程的半成品就会增多，这并不是件好事。

5　丰田消除浪费的基本思想

即使明白了消除浪费是很重要的事，但是如果不培养发现浪费的眼光和思考方法，也不能发现浪费。不能发现浪费是因为看问题时比较粗心大意。所以如果学会了仔细观察事物的技术，就能渐渐地发现浪费。

因为是仔细观察事物，所以要仔细看整体，否则就不能有效改善。此时，瞄准的技术非常重要。作为消除浪费的基本思路，可以把生产作业分为浪费作业、纯作业、附加作业。

1. 浪费作业

只使成本增加而不产生附加价值的作业，是最先需要改善的地方。比如停工等活、搬运东西、寻找工具等。即使是大汗淋漓地搬运了东西，也只是白费力气做了无用功，这是不值得赞赏的。

我们在加工组装零部件的时候，不仅有纯作业时间，还需要花时间去检查组装状况、更换作业、为作业的开始和完成做准备、做一些善后处理。

2. 纯作业

是指诸如组装零部件等能够产生附加价值的作业。

3. 附加作业

是指更换作业程序等不产生附加价值但又必须伴随着纯作业一起实施的作业。我们必须努力做到使更换作业程序的时间无限接近零。

在丰田，管理监督人的工作就是**“注意部下的工作方式。去发现浪费，发现能够轻松、有效率地工作的方式，使部下的每一项动作都成为有效的工作”**。

把生产作业分为浪费作业、纯作业、附加作业

①浪费作业：只使成本增加而不产生附加价值的作业；
②纯作业：组装零部件等能够产生附加价值的作业；
③附加作业：像更换作业程序等不产生附加价值，但又必须伴随着纯作业一起实施的作业。

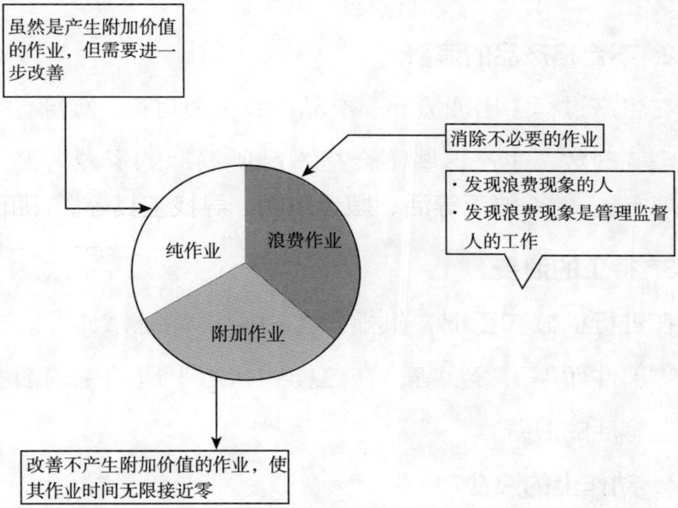

图1-5 消除浪费的思想

6　丰田的 7 种浪费

丰田生产方式认为，不产生附加价值的一切作业都是浪费，它把浪费分为以下 7 种。

1. 生产过剩的浪费

一心想要多销售而大量生产，结果在人员、设备、原材料方面都产生浪费。在没有需求的时候提前生产而产生浪费。

2. 不合格产品的浪费

在生产过程中出现废品、次品，会在原材料、零部件、返修所需工时数、生产这些不合格产品所消耗的资源方面产生浪费。

3. 待工的浪费

在进行机械加工时，机器发生故障不能正常作业，或因缺乏零部件而停工等活等，在这样的状态下所产生的浪费都是停工等活的浪费。

4. 动作上的浪费

不产生附加价值的动作、不合理的操作、效率不高的姿势和动作都是浪费。

5. 搬运的浪费

除去准时化生产所必需的搬运，其他任何搬运都是一种浪费。比如在不同仓库间移动、转运、长距离运输、运输次数过多等。

6. 加工本身的浪费

把与工程的进展状况和产品质量没有任何关系的加工当做是必要的加工而进行操作，此种状况下所产生的浪费。

7. 库存的浪费

因为原材料、零部件、各道工序的半成品过多而产生的浪费。这些东西过度积压还会引起库存管理费用的增加。

表 1-1　7 种浪费①

浪费	内容	原因	对策
生产过剩的浪费	①生产过多 ②生产过早 ③妨碍生产流程 ④成品库存、半成品库存增加 ⑤资金周转率低下	· 与顾客交流不充分 · 依赖个人经验和思维方式制订的生产计划 · 人员过剩 · 设备过剩 · 大批量生产 · 生产负荷变动 · 在生产过程中产生问题（如产生不合格产品、发生机械故障等） · 生产速度提高	· 与顾客充分沟通 · 生产计划标准化 · 均衡化生产 · 一个流程 · 小批量生产 · 灵活运用看板管理技术组织生产 · 快速更换作业程序 · 引进生产节拍（tact time）

（续表）

浪费	内容	原因	对策
不合格产品的浪费	①原材料的浪费 ②开动率低下 ③检查的浪费 ④用户索赔而引起的企业信用低下 ⑤库存增加 ⑥再生产的浪费	·对于可能产生不合格产品的意识薄弱 ·在生产过程中不注重产品质量 ·检查中心的管理检查标准不完善（特别是功能检查） ·教育训练体制不健全、顾客对于产品质量要求过多、缺乏标准作业管理	·产品质量是在工序中创造的 ·坚持贯彻自动化、现场、现货、现实的原则 ·制订培养相关意识的对策 ·通过不断问“为什么”的对策，防止问题再次发生 ·引进预防错误的措施 ·确立产品质量保证体制 ·使改善活动与质量体系（ISO9001）有效融合
待工的浪费	①在反复作业的过程中，标准作业管理不完善 ②监视 ③表面作业 ④停工等活 ⑤机器设备、人员等有富余	·生产工序流程不合理 ·前道工序和后道工序产生了问题 ·停工等活、等料待工 ·表面作业 ·设备配置不合理 ·在生产过程中的作业能力不平衡 ·大批量生产	·引进均衡化生产、生产节拍的概念 ·努力使生产工序流程合理，发现浪费 ·U 字形配置 ·快速更换作业程序 ·再分配作业 ·禁止停工等活时的补偿作业 ·生产线平衡分析 ·认清表面作业 ·安装能够自动检测到异常状况并且自动通知异常状况的装置

7 消除 7 种浪费的步骤

从哪里开始消除这 7 种浪费为好呢？ 在像丰田一样积累了 50 年以上的改善经验和没有这些改善经验的企业中，在生产体制上存在着很大差异。 在此让我们以问题比较多的企业为对象，来思考一下处理 7 种浪费的基本顺序。

步骤①：

在需要的时候适时生产需要的产品可以排除生产过剩的浪费，这需要具备严格管理的思想。

步骤②：

如果经常产生不合格产品，抑制生产过剩是很困难的。我们要消除不合格产品，消除制造不合格产品的浪费。

步骤③：

对于停工等活，只要明白其要点就很容易改善。消除停工等活的浪费，有效利用人力资源。

步骤④～⑥可以根据消除浪费的着眼点从可以实施的部分开始实施。

步骤④：

对于动作的浪费，如果减少工时数（人数×时间）将会对消除浪费产生很大影响。但是，即使是进行动作分析，清除了一些细小的浪费，也会被其他的问题所掩盖，所以必须注意。

步骤⑤：

要消除搬运的浪费，就要在搬运距离和搬运次数等方面加以改进。

步骤⑥：

对于加工过程中本身的浪费，要认识到不产生附加价值的一切东西都是浪费。

步骤⑦：

如果按照①~⑥步骤操作，库存必然会减少。虽然这些问题堆积如山，但是如果追求库存为零将会产生许多问题。根据企业的水平，最好在最后阶段消除库存的浪费。

表 1-2　7 种浪费②

浪费	内容	原因	对策
动作上的浪费	①不产生附加价值的动作 ②生产率低下的动作	·机器与人的作业不明确 ·毫无意识地实施了不产生附加价值的动作 ·生产布局不合理 ·培训不充分	·生产工序流程化 ·U 字形设备配置 ·对生产率低下的动作加以培训，并且贯彻落实 ·善于发现和消除表面作业 ·活用标准作业组合表 ·根据是否会产生附加价值研究相应对策
搬运的浪费	①在不同的仓库间移动产品和转运 ②空车搬运 ③搬运的产品有瑕疵 ④空间的浪费使用 ⑤搬运距离和搬运次数 ⑥增加搬运设备	·欠缺“搬运和寻找不是工作”这一观念 ·生产布局不合理 ·活性指数低 ·与生产顺序组合时，研究商讨不足	·培养不要搬运的观念 ·确定最佳搬运次数 ·U 字形设备配置 ·小容量化 ·活用各种搬运方式（豉虫搬运方式等） ·成套搬运零件 ·提高活性指数

（续表）

浪费	内容	原因	对策
加工本身的浪费	①为不必要的工序和不需要的作业增加人员和工时数 ②生产率低下 ③次品增加 ④按照过去的习惯操作，不加改善	·生产工序设计不合理 ·作业内容分析不足 ·对人和机器功能的分析不完全 ·处理异常停止的对策不完善 ·TPM 不完善 ·夹具工具不完善 ·标准化体制不完善 ·员工技术不熟练 ·缺乏原材料	·改进以往习惯操作方式 ·解决现场主义问题 ·研讨检查方法 ·使生产工序设计合理化 ·运用夹具工具 ·人工智能化（引进机器人） ·生产自动化 ·贯彻标准作业 ·研讨原材料对策 ·完善设备故障经验处理方案 ·培养技术熟练的 TPM 作业人员
库存的浪费	①成品、半成品库存积压 ②库存管理费用（仓库和搬运设备的折旧费、维修费、搬运费、税金、保险费、投资利息、损耗费、老化费等） ③产生库存是掩饰过多问题的结果	·均衡化生产体制不健全 ·多准备些库存是交货期管理（出货准备）所必需的意识 ·设备配置不合理 ·大批量生产 ·提前生产 ·在等活时产生的富余生产人员	·与顾客充分沟通 ·培养针对库存的意识（只生产能销售的产品） ·生产工序流程化 ·贯彻看板体制，将物品和信息一并运送 ·使生产工序中的问题无限接近为零

8 为了消除生产过剩的浪费

在依靠量产效果追求利润的时代，似乎很多企业都把生产过剩不太当一回事。**在丰田，一直都把“生产过剩的浪费”当做诸多罪恶的根源而加以训诫。在“生产过剩的浪费”中还包括“提前生产”。**

生产过剩会过多地使用人、物和资金，并且有可能造成库存费用和产品的浪费。在引进了丰田生产方式的状况下，会自动破坏准时化生产的功能。

每个人都经常会遇到按照内部指示和已知信息制订一周生产计划的情况。通常都是根据库存总账来确认生产现状，但是在不放心的时候也会到现场去看看。

依照以往的经验，在头脑中计算成品率（产品合格率）来制订生产计划。在计划变更和成品率变动频繁、库存精度不合理时，一切都要依靠制订计划的人的实力。但是详细调查一下，会发现这些计划都是把重点放在如何避免生产能力不足上，有时候会引起生产过剩。

虽说当一天的目标生产量完成以后，就可以不再生产了，但是在工作场所却很难做到。大家都认为每个人的工作量应该取得平衡，于是早完工的人一定会用多余的时间继续生产超出计划部分的产品或多余的组装零件等，做一些表面工作。

要想消除生产过剩的浪费，实现均衡化生产，就必须消除如图 1-6 所示的引起生产过剩的诸多因素。

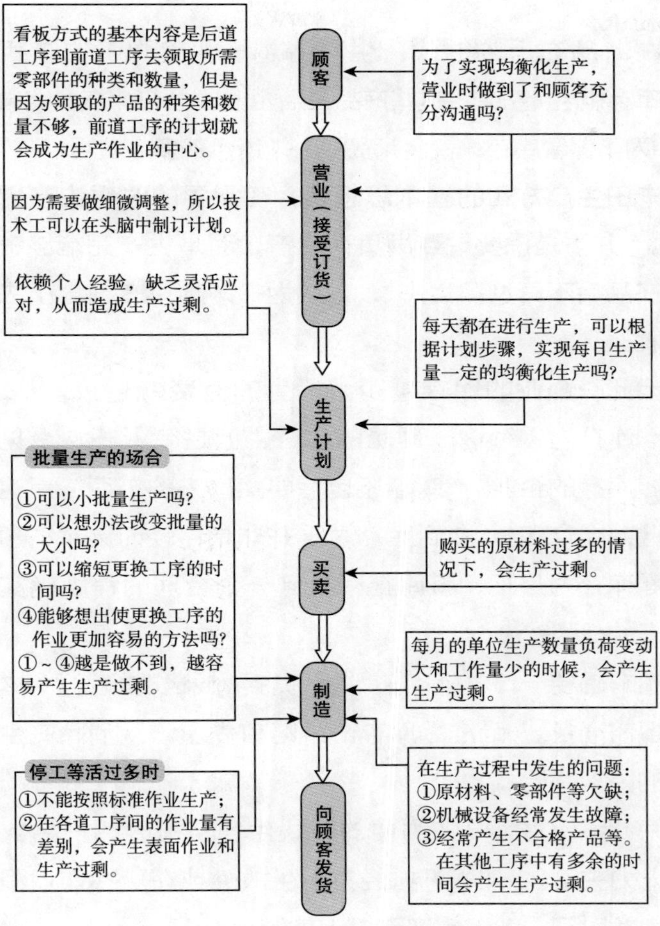

图 1-6　引起生产过剩的原因

9 库存是罪恶吗

在商品充斥的时代，生产得越多，卖剩下的东西就越多，库存就会增加。这些产品会给企业收益带来各种各样的问题。为了保管库存，就会花费图 1-7 所示的多余费用。

丰田生产方式的基本思想是，在需要的时候生产需要的东西。并不是说要做到满负荷生产，而是生产完能够销售出去的产品后不再过多生产。它认为：产品只有销售出去才能产生收益。

因此，企业的库存越少，产生的浪费就越少。虽然有“瞄准库存为零”这一理想的想法，但是笔者还从没见过能做到零库存的企业。库存还包括要卖出去的东西，而这在哪个企业都会存在。做到库存为零并非是件轻而易举的事，但是以零库存为目标，将库存减少到一个合理的程度确实是企业的一种战略。

也有想要一口气就实施“零库存”战略的企业。这就需要做事前准备。瞄准零库存的战略首先应该从消除产生生产过剩的因素开始。

为此，建立可以在需要的时候生产所需要的产品数量的体制尤为关键。如果机械经常发生故障或在更换作业程序上花费太多时间，就无望实现以上体制。

这就需要可以提高机器可运转率的生产保障体制，生产过程中需要减少不合格产品，缩短更换作业程序时间的对策。如果将在 7 种浪费中发现的诸多问题一一解决，库存自然就会减少。

库存的问题点

1. 花费库存维持费用

库存维持费用是指在维持每年的平均库存量时所产生的费用，包括如下内容：

①利息；②保险费；③搬运费；④仓库经费；⑤盘存消耗费；⑥折旧费；⑦税金；⑧设备费用；⑨其他经费。

这些费用通过其与对年平均库存资材金额的比率表示。

$$\text{库存维持费用率}(\%)=\frac{\text{库存产生的费用}}{\text{库存金额}}\times 100\%$$

2. 因为在库存管理上不负责任，所以管理松懈

①放任产生的不合格产品不管；

②放任机器设备发生故障不管；

③放任更换作业程序的时间过长；

④账簿上所记载的数量和实际数量不吻合；

⑤放任过剩人员不加以安排。

▶以上各种问题都是被库存所掩盖的企业体制方面的漏洞。

零库存是库存的目的，要了解企业体制的现状，按照改善步骤实施

库存的目的

①通过库存来满足顾客需求的变动；

②通过库存来应对生产中产生的各种问题（如不合格产品的产生、机器设备发生故障等）；

③通过库存（如原材料库存、半成品库存、产品库存)来缩短前置时间（Lead time）；

④通过量产效果来降低成本（如统一购买、统一搬运等）。

图 1-7　库存的问题点和目的

10　零库存为什么在企业无法实现

按理说应该是库存越多生产就会越轻松。相反，为了实现零库存，实施部门在生产方面必须具备如下的体制和前提条件。

1. 不要经常产生不合格产品

如果经常产生不合格产品，就很难制订生产计划。此时，为以防万一就会多准备一些库存。

2. 不要经常发生机器故障

如果经常发生机器故障，就不能按照生产计划来生产产品，从而导致交货期迟延，给顾客带来麻烦。为了避免此种状况的发生，有必要准备一定的产品库存和半成品库存。

3. 库存账簿的数量要与库存现货数量吻合

在盘点存货时，很多企业都会存在库存账簿的数量和现货的数量相差很大的情况。在这种状况下，如果以库存为基础进行生产，在实际交货的时候有可能会发生备货不足的情况。为此，多少都应该养成多备些库存的习惯。

4. 要活用各种库存管理方法

充分理解看板和库存管理的基本管理方法（经济性的订货数量、定量订货的方式、定期订货的方式、ABC 管理、安全库存数量等）后，就可以将库存降到最小。相反，如果在像以上问题堆积如山的企业，想要一口气瞄准零库存的目标，就很容易造成生产混乱。零库存虽说是一种理想的状态，但是为了实现这种状态，会产生各种各样的问题，实际上这种状态是不可能达到的。要想以零库存作为战略目标，需要了解各种各样的条件。

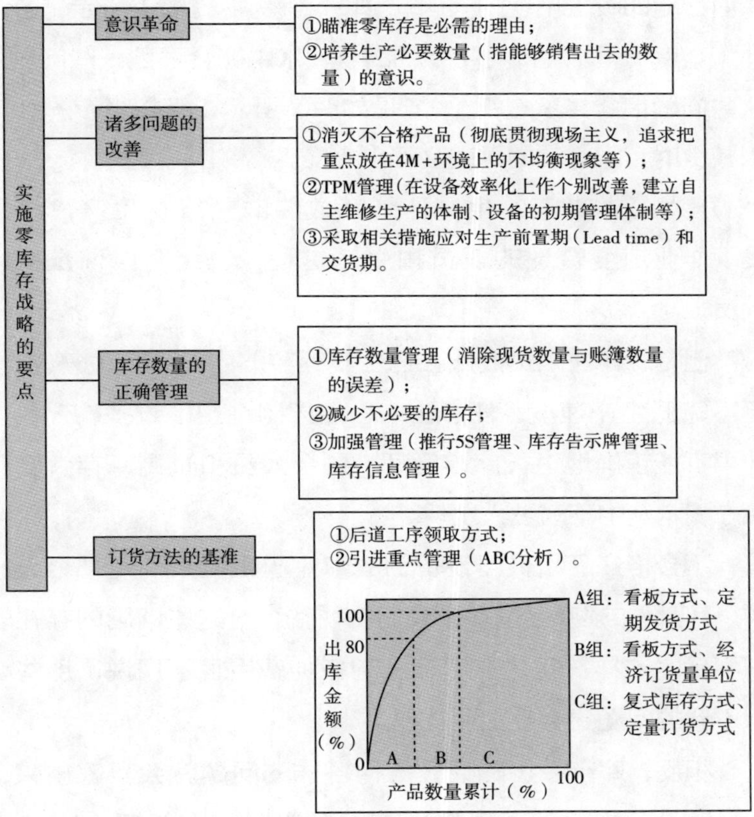

图 1-8　实施零库存战略的要点

11　零库存使企业内部问题暴露出来

我们要有这样一种想法，即减少库存，使各种问题浮出水面，随即改善出现的问题。 如图 1-9 中的图①所示，游泳池（仓库）里水（库存）多的时候，水中就会隐藏一些问题，这些问题很容易被忽视。 但是如图②所示，当相当于库存的水减少时，隐藏的问题就会浮出水面。

比如，在当天的生产计划完成的时刻终止生产，就会发现作业速度合理的人员和生产过程，也会明白谁是剩余人员。

但是，作业人员很抵触在生产运转的中途中止生产。 于是不降低生产速度，任意生产，结果制造出了过多的产品。如果不能正确地进行库存管理，剩余人员和过剩库存就会隐藏在“水”中不易被人发现。

不合格产品和机器设备的故障对于企业来说是一个大问题。 但是如果库存过多，我们往往就会对这些问题的存在认识不足，这样，花费在库存上的各种费用且不用说，那些认识不到的问题更会在企业扎根。

相反，库存减少的话，各种各样的问题就会暴露出来，一旦发生问题，就不能像以前一样逃避库存管理方面的责任。 如果想减少库存，需要彻底解决诸多问题。

因此，要长期实施改善活动以健全和强化企业体制，并且要瞄准零库存这一目标。 虽说这样做是好的，但是如果任意推进，就会产生各种问题，反而会产生一些不必要的麻烦。

关于库存，见下图的思考方法

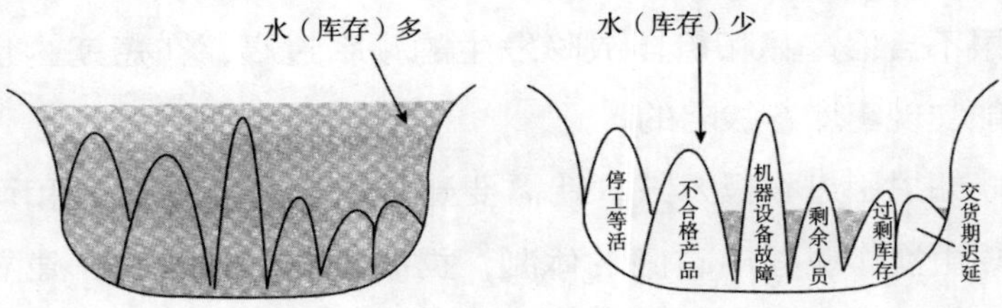

图① 注入相当于库存的水，水多时问题就会被隐藏。

图② 相当于库存的水减少，问题浮出水面。

库存的作用

①为了吸收需求变动；
②为了能够在大量生产和大量买进的时候廉价买入；
③为了调整各道工序间的生产能力；
④为了调整设计、筹集材料、生产前置期（lead time）；
⑤为了缩短交货期和生产期间；
⑥为了以投机目的买进物品。

要点

库存增多时，不仅不能发现浪费，且各种问题都会隐藏起来。

图 1-9 库存的作用

12　零库存从提高库存精度开始

零库存战略要从提高库存精度开始实施。

在上文中，我们说明了零库存在企业不能实现的理由。如果不合格产品和机器故障发生的频率过高，在短期内也是不能实现零库存战略的。

如果引进看板方式，就需要建立均衡化生产体制和可以缩短更换作业程序时间的体制，提高机器可运转率，建立可以适应小批量生产的体制。减少库存就可以依靠能够实现平均化生产的计划和细致的管理来实现。

对于这些问题，企业必须逐一加以改善和充分了解。这不仅仅是库存相关部门的事情，而且是整个企业需要研讨的问题。要想解决这些问题就必须做出相当的努力。

库存数量的正确管理是针对“在盘点存货时发生了库存账簿上的数量和现货数量不吻合”这一问题而言的。一到期末，企业资材负责人和很多相关负责人会进行库存盘点，并且大部分的企业都会为库存账簿上的数量和现货数量不吻合而头疼。

如果库存账簿上的数量和现货数量不吻合，就会担心在交货期是否能够按照顾客所要求的数量交货。所以就养成了多备库存以应对偶尔发生的备货不足的习惯。

通过明确盘点库存的目的，就会明白只有库存相关部门才能了解的问题。作为零库存战略的第一步，从一开始就要尽力做好库存盘点。

盘点库存的主要目的

（1）核查记录在账簿上的库存数量和现货数量是否有差异。如果没有差异，就可以进行生产配置，实行正确的管理。否则，就必须查明原因，更正为正确的数量。

（2）在确认现货数量的过程中，如果发现留存了很久的、无法再使用的死库存，就要去找出质量正在恶化的库存品，从而实现库存产品的有效利用。

盘点的主要理由

（1）把握和确认现货的管理状态。

（2）研究常备库存是否合理。

①确认和处理周转慢的物质材料；

②降低库存维持费用；

③研讨物资材料库存的构成内容是否合理。

（3）研讨库存保管方法和事务处理方法。

①掌握入库出库的有效处理方法；

②对于入库品、返销品、死库存等进行识别管理。

（4）如果账簿上的库存数量和现货的数量一致，管理体制就会加强。

①如果数量相差很大，账簿数量就会失去可信度，容易引起物资材料订购过多；

②从未被发现的轻微误差中，很容易看出作业人员的不仔细。

13 为了提高盘存的精确度

盘存（盘点库存）是为了核对现货数量和账簿上的数量是否一致，这一点已经说明过了。但是，即使对库存进行了盘点，现货数量和账簿上的数量还是不一致，像这样白费劲没有得到成效的企业也有很多。

花费了相当多的人力和时间，结果在数值上还有相当多的误差，这确实是让人哭笑不得的事情。出现了误差的企业无论盘点库存多少次，其结果都是一样。如果不查明出现误差的原因，不从根本上改变企业的体制，就不能有效地活用盘点库存。

像这样的企业就要针对误差多的产品，在某个期间彻底**查找误差的真正原因。**在丰田，被称为“自动化”的生产就包含着这样一种想法，在发生问题的现场停止机器运转，在没有时间差异的状况下找出问题。

对于库存误差问题也是一样的。如果每天在没有时间差异的状况下调查问题产生的原因，就会发现其真正的原因，从而轻而易举地解决问题。如果明白了真正的原因，很多情况下都没有必要去采取高难度的对策。

下图是从 7 月 15 日到 7 月 31 日误差较多的零件出、入库库存状况以及彻底调查其误差原因的事例的一部分。每天调查实际库存数量和计算机上的库存数量，对于其产生误差的原因，要不间断地进行追踪调查。

每天确认现货数量，查明其与计算机上的数值不同的原因，需要花费很大的精力。但是，在此期间，如果彻底追踪调查其原因，企业本身所存在的体制不合理之处以及误差的原因，大部分都会被找出来。

状况

（1）营业部向Sunny工业（制造商）订货，Sunny工业向物流管理科交纳100件货物。

①Sunny工业所交纳的产品，在包装箱上贴上了临时传票；

②作为批量生产前的试制品入库；

③从营业部得到信息，因为是作为试制品，所以采购负责方没有发出订货单；

④于是，物流管理科的杉村要求营业部寄送专门的入库传票。

（7／15杉村FAX山田　今山下）

（2）验货完毕后，将认为完全合格的83个产品交给了AH公司。

（3）在没有对临时传票进行入库处理的情况下，就做了销售处理和在计算机上进行了入库处理，库存因此就会减少83个。

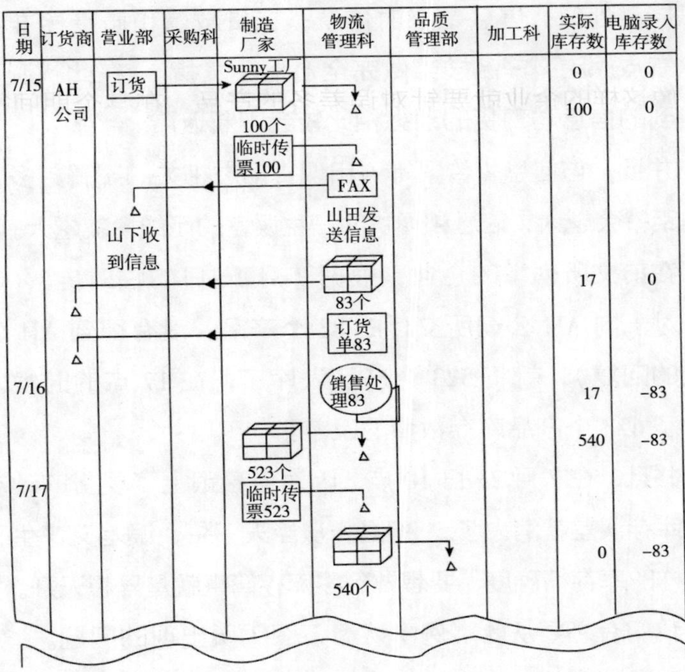

图 1-10　零件出入库存调查表

14　有关盘点库存的实战事例

在前文所列举的企业中存在各种各样的库存问题都被集中反映到这次的追踪结果上。 为了避免以后再次发生此类问题，最好制订现货和传票以及联系的基准。 问题很多的企业有必要做一次事例所示的追踪调查，找出问题点。

如果正确实施盘存，在某个时间点的现货库存和账簿、计算机库存就会一致。 像此次事例所示，因为被当做量产前的试制品处理；信息是临时传票；交货数量和质量标准不明确这三点原因，产品被当做完全合格品发货。 在此状况下，所得到的信息与现货的动态相比较会不断迟滞。

并且，与信息（传票等）和现货动态相关的部署越多，时间差距就会越大，信息和现货间产生误差的可能性就越大。

在前文所列举的企业，根据 7 月 16 日的临时传票（7／15、对于向 AH 公司所交付的 83 个产品，没有得到 AH 公司确认的回复），就将 523 个产品入库了，在 17 点的时候，就产生了 623 个产品库存数量的误差。

并且，在 7 月 23 日 10 点，因为信息跟上了现货的动态，所以库存误差就消失了。 但是，从当天下午，误差又产生了。以这样的库存精确度，要想做到零库存简直就是异想天开。

我们有必要从此事例中认清下图①所出现的问题。 对于现货库存和账簿库存不一致又不明白问题所在的企业，请试着用表 1-3 所示的库存误差追踪表找出问题。

◎盘点库存的实战事例

◆事例企业的问题点解说事项

①试制品的入库处理是按照专门的入库传票进行的，但是没有一定的规则；

②因为是后处理传票，所以计算机库存不能及时把握住量产中的现货流程。现货和传票的变动就会不同步；

③临时传票处理过多。在制造厂商⇒物流管理科⇒品质管理部⇒加工科这一流程中，临时传票处理过多，实际库存和计算机录入库存的差距变大，不能及时把握现货数量；

④由谁来安排技术试生产、量产前试生产、量产产品，安排人责任划分不明确。必须明确安排人的责任划分；

⑤就那样堆放着不管，产品有时会滞留在卡车内，就无法判断出正在运输中的库存和现货、计算机库存的误差；

⑥品质管理部门请求其他部门加工修改部分内容时，不清楚传票处理方法；

⑦物流管理科的物流仓库和品质管理部门的仓库间的入库和出库处理不及时。

表 1-3 库存误差追踪表

<table>
<tr><td colspan="11"></td><td colspan="2">文件号</td><td colspan="2"></td></tr>
<tr><td colspan="6" rowspan="2">产品名称</td><td colspan="2" rowspan="2">产品 No.</td><td>制作日期</td><td rowspan="2">认可</td><td rowspan="2"></td><td rowspan="2">审查</td><td rowspan="2"></td><td rowspan="2">制作</td><td rowspan="2"></td></tr>
<tr><td></td></tr>
<tr><td rowspan="2">日期</td><td>传票</td><td rowspan="2">入库数量</td><td>传票</td><td rowspan="2">出库数量</td><td rowspan="2">实际库存数量</td><td rowspan="2">账簿上的库存数量</td><td rowspan="2">计算机上的库存数量</td><td colspan="5" rowspan="2">产生误差的原因</td><td colspan="2" rowspan="2">备注</td></tr>
<tr><td>有无</td><td>有无</td></tr>
<tr><td></td><td></td><td></td><td></td><td></td><td></td><td></td><td></td><td></td><td></td><td></td><td></td><td></td><td></td><td></td></tr>
</table>

15 丰田生产方式的全面概要

丰田生产方式由准时化和自动化这两大支柱构成。

所谓准时化是指“在需要的时候生产需要数量的需要产品”。

具体而言，就是后道工序在必要的时候到前道工序去取需要数量的产品或零件。由此，前道工序只生产需要被领取的产品或零件，这样不会产生不必要的库存。这种方式以均衡化生产为前提。

自动化被称为“人性化的自动化”，是把人的智慧和机械设备有机组合的做法。当发生异常时，机械设备会自动地对异常问题进行监视管理。

从具体事例来看，当产生不合格产品时，配备有自动停止装置的机器就会自动停止操作，以免不合格产品从前道工序向后道工序流转，从而消除后道工序可能产生的麻烦。

相反，如果是“不包含人的因素的自动化”，即使在发生异常时，机器也会继续运转，从而产生大量的不合格产品，甚至损坏机器设备。

一旦发生异常状况，机器就立刻停止运转，需查明原因。这样有利于发现不合格产品，观察不合格产品产生的状况，改善机械异常状况，进一步消灭不合格产品。依靠这种方法，人没有必要时刻都盯着机器，如果进一步加强改善，就可以实现省人化。

以准时化和自动化这两大支柱为中心的丰田生产方式如

图 1-11 所示。就像没有经过任何训练的人不能轻易地登上富士山一样，丰田生产方式也是经过长年累月，在企业内部培养出可以创立和改善企业组织结构的人员，最终打造出无论多么小的浪费也能消除的体制。

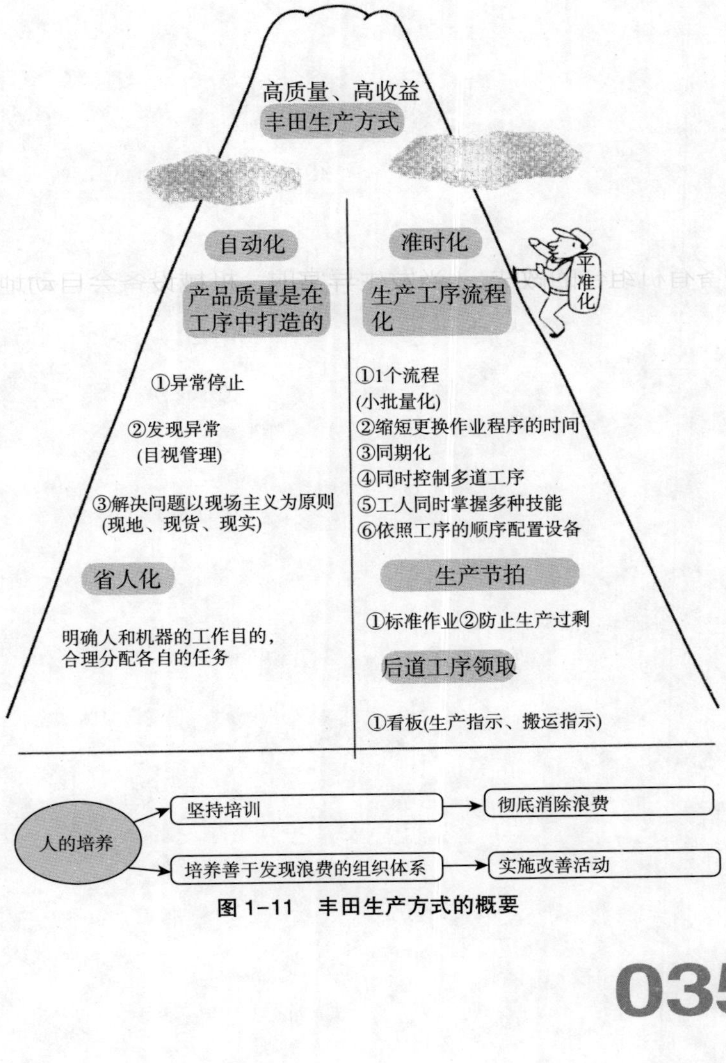

图 1-11　丰田生产方式的概要

专栏 2

何谓营业的浪费

在生产过程中，我们把“浪费的作业”叫做“只增加成本而不产生附加价值的作业”。在营业活动中，关于浪费的思考方法也是同样的。

让我们来思考一下营业负责人的销售活动。所谓“可以产生附加价值的顾客”是指“和我们约定好要购买我们商品的顾客（购买商品的顾客）”。

其次，重要的是“有购买我们商品欲望的潜在顾客”。这种有购买欲望的顾客成为了购买商品的顾客当然好，但是，虽说他们有可能购买商品，可如果我们在其身上花费与一般顾客同样的工时数，那就是一种浪费。因为尽管经过多番努力，却不能保证其一定会购买我们的商品。

在营业过程中，产生附加价值的作业就是与顾客的会面。

虽然我们辛苦奔走，但是这些都是相当于生产过程中的附属作业，作为使顾客成为我们的商品购买者的前阶段步骤是相当重要的，但是却不会产生附加价值。所以我们有必要使其花费的工时数无限接近零。

也有人认为营业和生产不同。在生产必需的更换作业程序花费 4~5 个小时也是理所当然的时代，那些比别人提早完工、并且能够生产出具有稳定质量产品的人被尊称为“车间之神”，并且认为“神”的工作是最出色的，再也不会有任何超越了。

但是，只增加成本而不产生附加价值的作业是一种浪费，这一意识一被强化，更换作业程序的时间就迅速地被缩短，甚至达到了快速更换作业程序（9 分钟以下）、一次性成功更换作业程序的状态。

营业活动也要以生产中产生的制造成本和丰田的 7 种浪费为启示，考虑彻底消除浪费。另外，一般管理费用和销售费用是指通信费、差旅费、交通费、接待交际费、杂费、广告宣传费、包装费、送货费、销售消耗品的花费等。

第2章 准时化

· 产品的各部分及时被安装好是很重要的。

——丰田喜一郎

丰田汽车工业社长　昭和十六年~昭和二十五年

(1941~1950年)

1 何谓准时化（just in time）

准时化是指在需要的时候按照需要的量生产需要的产品供给各个工序。

在生产工厂，通常都是尽力按照计划进行生产，按照交货期发货。如果生产的零件入库过早，就会发生库存的浪费。如果生产的零件入库过迟，又会赶不上交货期。

准时化是以“均衡化生产”为前提条件，由“生产的流程化”、“确定符合需求数量的节拍时间”、“后道工序在需要的时刻到前道工序去领取需要数量的必要品”这三个概念组成。

生产的流程化是指在加工组装的时候实施一个流生产，从而使作业流程顺利运行。 在运用到装配产业的场合，必须尽可能地进行小批量生产，为此还必须努力缩短更换作业程序的时间。

实施流程化是因为设备要按照作业顺序配置，要让一个工人同时控制多道工序，让一个工人同时掌握各种技能（多技能化），要消除各工序之间的滞留，改善作业流程，所以期待通过标准作业实现生产的同步化，并且确定节拍时间（单件产品的生产时间）。按照节拍时间来生产，可以防止生产过剩。

前道工序只生产后道工序要领取的产品数量。 如果按顺序依次排列后道工序，最后的工序是顾客。所以要按照顾客所需要的数量来生产。

要实现准时化生产，还要活用生产指示看板、领取看板

（搬运看板）。准时化生产是倒过来（从后道工序开始）看生产流程的。

◆**准时化的目的**

目的	①灵活应对需求变化； ②消除生产过剩的浪费； ③缩短前置时间（Lead time）。

表 2-1　生产的流程化和准时化

基本思想	对策	具体事例
生产流程化	①设计理想的生产线 ②产品同期化 ③员工要掌握各种技能，同时控制多道工序，站立作业 ④设备按照作业顺序配置（按照流水线布局）	①活用工作设计 ②按产品一个一个地流动，装配产业实施小批量生产 ③实现各道工序之间的产品同期化（U 形生产线、二字形生产线） ④把机械设备按照作业顺序依次排列
根据需求的变化，按照所需产品数量来确定生产线的节拍时间（tact time）。	①彻底实施标准作业（节拍时间、作业顺序、标准存货量） ②建立能够传达生产线异常信息的生产结构	①制订不同工序能力表、标准作业组合表、标准作业表、作业要领书 ②安装自动停止装置 ③在产生空余时间时，让作业人员等待
后道工序领取方式	①看板 ②活用看板的搬运	①生产指示看板、领取看板 ②定时定量搬运、定时不定量搬运、不定时定量搬运、不定时不定量搬运
小批量生产	缩短更换作业程序的时间	为实现快速更换作业程序而努力

2 为什么“just in time”在企业不成功

准时化指在需要的时候按照需要的数量生产需要的产品供给各道工序。但除非企业的均衡化生产等下列条件在短期内能得到改善，否则实施准时化反而会引起混乱。

（1）通常客户所订购产品的品种和数量都是不一定的，市场也在不断变化，要灵活对应这些变化并不是件简单的事。企业可以形成每天都按照一定的数量和种类进行生产的均衡化生产体制吗?

（2）形成了可以进行流程化生产的企业体制吗? 即在短时间内能否建立起如下体制：进行一个流生产、实现产品的同步化、设备按照作业顺序配置、在多道工序上反复作业、作业人员同时拥有多种技能、站立作业、缩短更换作业的程序等。

（3）在多道工序上反复作业是很有必要的。是否可以制订以技术熟练工为基准的作业标准书，对作业人员彻底实施培训，使作业人员同时拥有多种技能呢?

（4）如果推行标准作业化，生产的同期化就能被确立。是否形成了可以设定作为同期化速度标准的节拍时间（tact time）的车间体制呢?

（5）在进行装置型设备的批量生产时，应当采取小批量生产方式。当然，这样做会使更换作业程序的次数增加，那么更换作业程序的时间是否被缩短了呢?

（6）虽说是后道工序领取，但是在后道工序经常产生不合格产品、机器设备经常发生故障时，生产计划部和生产现场是不是为此大伤脑筋呢？

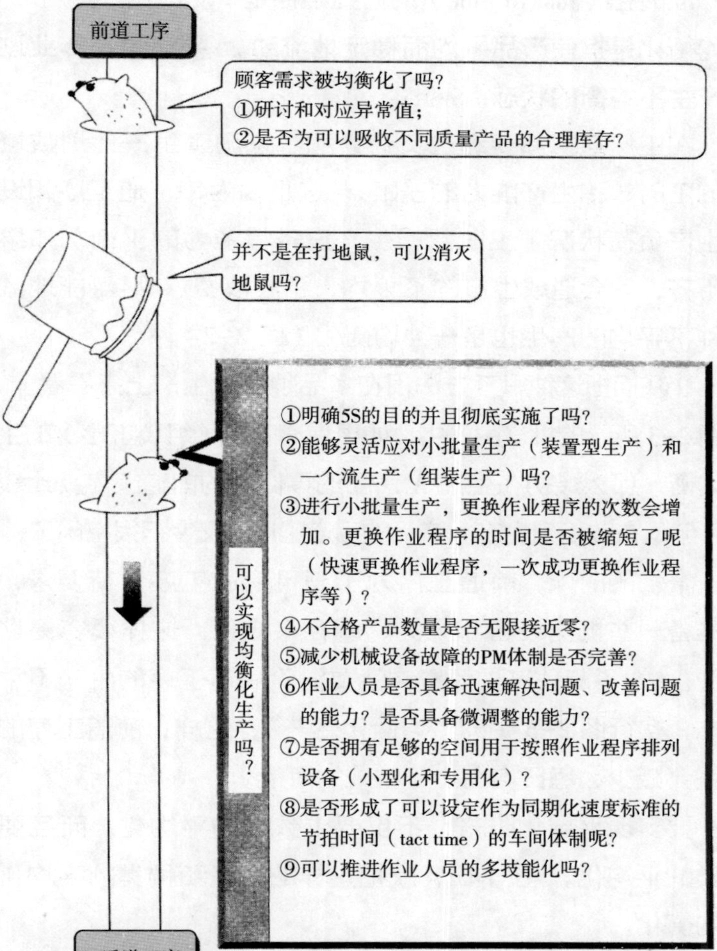

图 2-1　均衡化生产的要点

3 “just in time”的前提条件——均衡化

准时化（Just in time）的前提条件是“均衡化”生产。**所谓均衡化是指使产品平均而稳定地流动。要避免在作业过程中产生不均衡的状态。**

在工厂通常都要通过负荷累积法来调查生产计划数量所需的工时数和生产能力的差距。这是因为每一道工序和设备的生产负荷状况（工时数和生产设备等能力的平衡）如果参差不齐，就会造成生产的不平均，引起浪费。尽可能地减少这种不平均的产生也是一种均衡化（图 2–2）。

让我们把这种思考方法用在多品种少量生产上来看看。如在图 2–3 所示的批量生产中，如果后道工序（组装工序）的生产不均衡，那么最初在生产 A 产品的零件时的前道工序就比较繁忙，但是在转移到生产 B 产品的后道工序时又变得很空闲了。

繁忙的时候，前道工序为了满足后道工序负荷要求，要多准备一些机器设备和人力、库存来应付，这样很容易造成浪费。为了避免这种浪费，就要消除后道工序的生产不平衡状态，实行图 2–3 中的“均衡化生产”，这样，前道工序的负荷就会减少，每日均衡生产将成为可能。

要实现平均化生产，不仅要求数量的平均化，而且要求种类的平均化。在丰田，就把这样的数量和种类的平均化叫做均衡化。

但是，顾客所订购的产品数量和种类通常都不是一定的，要灵活对应顾客需求并非易事。这时，我们可以考虑实施均衡化生产，但是要求具有必须提前使生产平衡的各种条件。 要使均衡化生产的实施取得成功，还需要有适合企业特点的创意和方案。

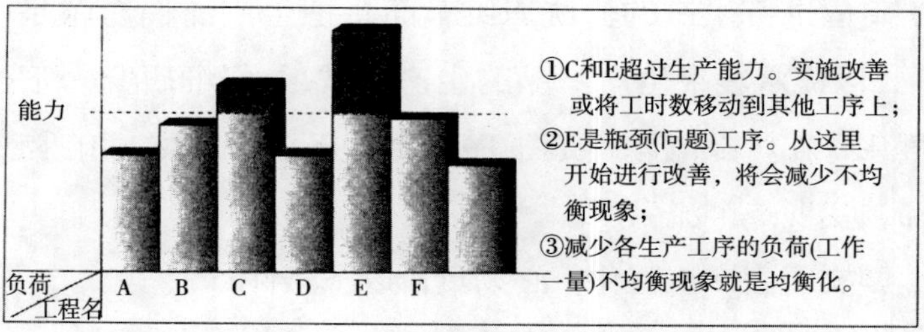

图 2-2 消除不平均现象的均衡化

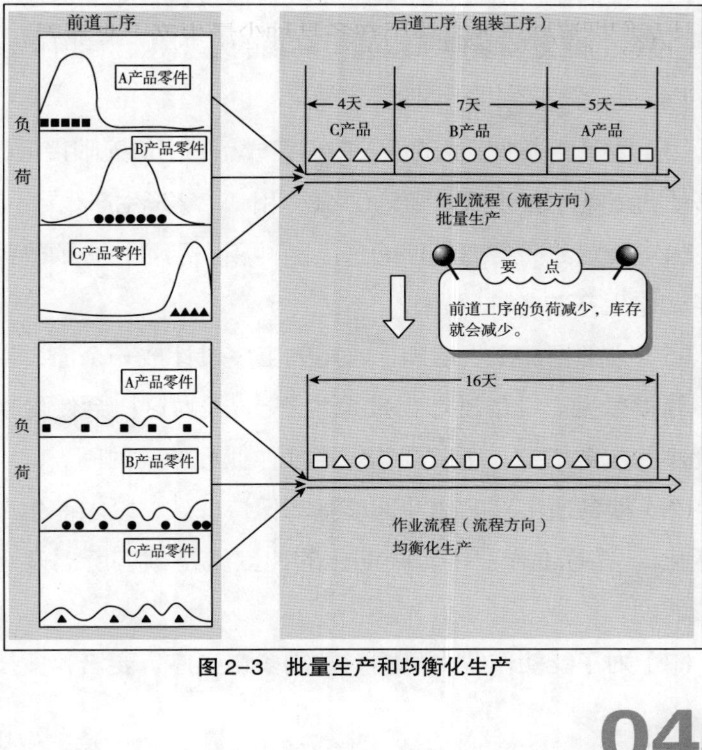

图 2-3 批量生产和均衡化生产

4 生产的流程化

所谓生产的流程化，是一种改变了按照各个流程（工序）单位进行生产的传统思维，而是把生产流程看做是“河流”，以流水线来生产产品的生产方式。仔细研究一下生产流程化，就可以消除各道工序内部、各道工序之间的物资的停滞，实现一个流生产。

要实现生产流程化，必须具备以下条件：

（1）需要设计一条理想的生产流程（图2-4）。

（2）按照生产流程顺序依次排列机器设备，减少运输的浪费。设备的配置要以便于组装生产线的小型化、专用化设备为原则。

（3）为了使未加工品的投入口和完成品的出口无限接近，减少移动的距离，采用“U字形生产线”和“二字形生产线”。

（4）确定流向各道工序的产品品种和产品号，必须改善妨碍均衡化生产的各种问题。

（5）必须把加工、组装、收尾的工序设计成一个流，用装置型等批量生产设备进行小批量生产。因为这样会使更换作业程序的次数增加，所以要缩短更换作业程序的时间。

（6）使各道工序的作业速度基本保持一致，以求得生产的同期化。在标准作业中，同期化的速度就是顾客所需产品的节拍时间。

（7）为了能使作业人员同时控制多道工序，要培养多技能人员。

（8）为了能使作业人员同时控制多道工序，必须站立作业。

（9）为了能够迅速应对在一个流生产过程中发生的问题，需要提高生产技术，实现更高程度的流程化。

何谓理想的流程?

基本思想

- 不产生附加价值的作业就是浪费。这是丰田的一条基本思想。其具体表现为7种浪费。
- 所有的浪费都与停工等活有关，如果不停工等活的话，就会接近准时化的标准。

对策指南

- 为此，必须找出妨碍各道工序之间依次流通的因素，在排除这些妨碍因素时设计出一条理想的流程线和生产线。
- 在存在很多问题的企业中，设计出一条合理的流程线和生产线的理想是很不现实的。必须研究出一种能促使目标更加容易达到的、有效的系统和方法。

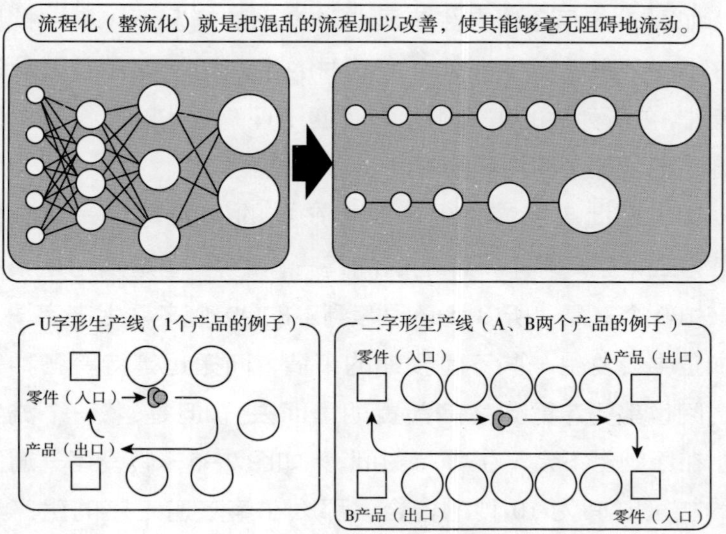

图 2-4　生产流程化

5　何谓生产前置期（lead time）

因为企业不同，生产前置期的定义内容也存在很大差别。在丰田，**生产前置期是指从开始着手准备将要投产的产品原材料到将原材料加工为成品的时间。包括加工时间（增加附加价值的时间）和停滞时间（不增加附加价值的时间）。**

关于生产前置期有很多种类型。大致可以分为计划生产和订货生产。前置期缩短可以加快面向顾客的产品供应速度，更好地满足顾客需求。在公司内部，可以回避风险，提高面对环境变化的应对能力。

前置期与批量生产的数量有关系。批量生产越多，前置期越长，库存也越多。

如图 2-5 所示，在生产同一种产品的情况下，集中批量生产 100 个产品和生产单个产品时的生产期就存在着很大的差距。在所列举的事例中，为了便于理解，省略了搬运、停滞等伴随着加工而消耗的时间。

如果是批量生产，生产单个产品的时间与“一个流生产”方式下生产单个产品的时间是一样的。但是因为是集中生产 100 个产品，所以就必须等剩下的 99 个产品生产完毕。在加工中会发生一些不可预期的事情，而搬运等待等各种等待时间也都要计算到生产前置期里面去。但是，“一个流生产”在原则上不会产生等待时间。如图 2-5，假设第一道工序的加工时间为 10 秒的场合，那么在第三道工序的生产线上，两种生产方式下的前置期会产生 1980 秒（2010-30）的差距。 此事例是以秒为单位，但是在通常状况下，前置期需要花费更多的时间，在此时间范围内库存量会增加，将会对企业收益造成很大的影响。

1. 生产前置期（lead time）大致可以分为两类

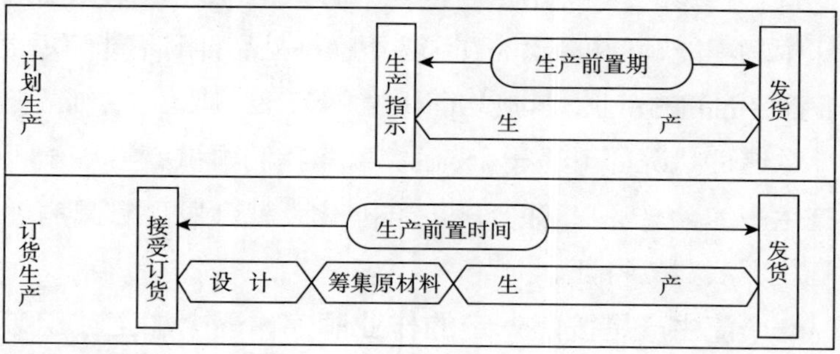

2. 批量生产和一个流生产的不同

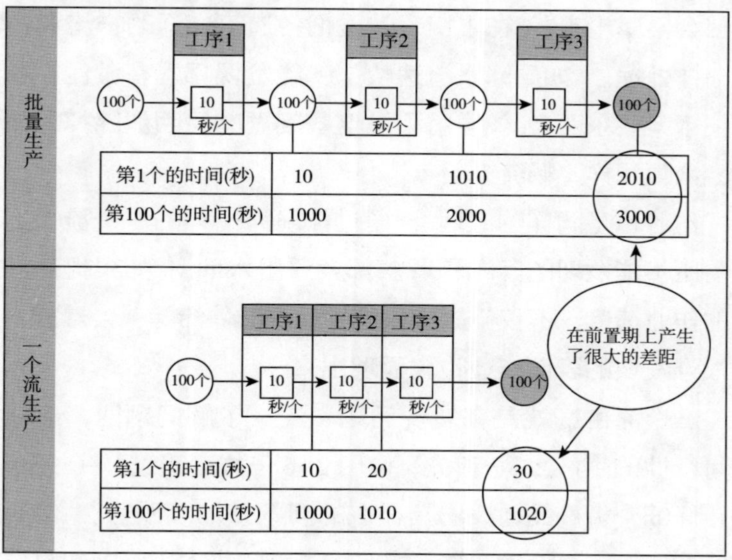

图 2-5 生产前置期

6 一个流生产的含义

我们都知道在批量生产时，会在库存和工时数上产生很多浪费。虽说“均衡化生产”是一种好的生产方式，但是在现实中却不能顺利推行。在那些更换产品品种时不能缩短更换作业程序时间的企业，实施均衡化生产反而会引起生产的混乱。

像这种状况都不是一个流生产。我们再试着考虑一下一个流生产的含义吧！深究一下准时化，就会发现它具有随处都能发现浪费的特征。

一个流生产是按照一定的作业顺序，逐个加工或组装产品的方法。通过一个流生产，在各工序间所产生的问题和瑕疵都会暴露出来。在丰田，就是把各道工序间的物流看做河流一样处理。如果河水流速快，就能发现哪里有淤泥，哪里堵住了某些东西。如果将引发这些问题的原因消除掉，河流就会恢复原样，畅流无阻。

作业也是同样的道理。通过像河流一样的一个流生产，以前所不能发现的问题和瑕疵都会浮出水面。如果提高一个流的作业速度，不仅问题和瑕疵（库存的停滞等）会暴露，那些很难发现的表面作业也会显现出来。

一个流生产就是在发现问题、逐一了解问题时，形成具备可行性的生产线。首先，像图 2-6 一样，通过 P-Q 分析方法，仔细分析产品，找出其存在的问题并加以改善。然后将人、方法、机器设备、物，按照一个流的基本思路，建立成一条生产线。

一个流生产的着眼点

P–Q分析

P：（products：产品）

Q：（quantity：生产量）

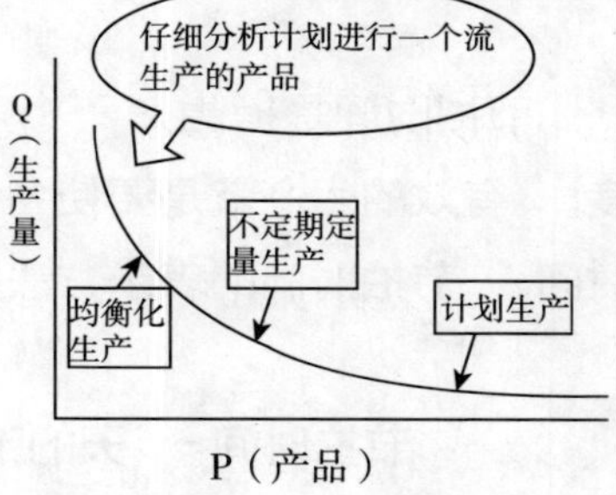

人、方法

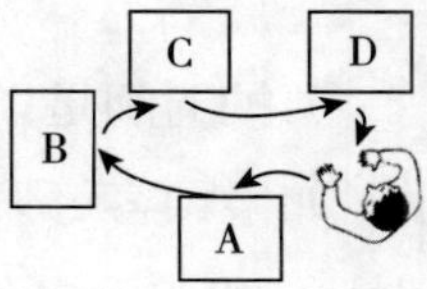

①提高员工技能；

②推进“多技能化”，使一个人能够同时操作多台机器设备；

③需要有计划地对员工进行培训；

④具备生产线上作业人员的作业水平；

⑤1个人控制多道工序，负责A～D的工序，站立操作。

机器设备

①按照加工顺序依次排列各道工序；

②为了灵活对应更换各道工序的布局，机械设备要选用小型且便宜的；

③生产线上配置专用机器；

④以上面的人为例子，当他从设备构成的U字形生产线的A处开始工作，进展到D处时，再到A的距离就变短了。

物

①瞄准半成品为零；

②通过节拍时间(tact time)来进行流动生产；

③在生产布局上，要把各道工序间的时间缩到最短，尽量做到没有任何滞留；

④把搬运的浪费降到最小；

⑤改善信息和物的流通。

图 2–6　一个流生产的基本思路

7 节拍时间（tact time）

节拍时间是指生产一个产品所要花费的时间，即作业速度。有效的生产就是要使各道工序的时间尽可能地接近节拍时间。节拍时间的表示方法如下：

节拍时间=1天的工作时间÷1天的需求量

节拍时间是以顾客的需求数量为基础的。如图2-7所示，如果顾客每天所需求的产品数量是400个，生产的节拍时间就是49.9秒，继续生产就是在增加库存。

继续生产相同的东西，能率是提高了，但是会产生生产过剩这一弊端。如果顾客的需求产品数量减少到每天200个，我们就要在完成200个任务后停止生产，去做其他的工作或者是减少各道工序的作业人员来延长节拍时间。

降低作业速度会使注重提高生产效率的企业体制恶化，所以必须避免。

设定了节拍时间后，接着再根据现有的实力来确定作业速度和工作量的分配。但是，每个人都在作业熟练度上存在着差异。这就要制订以技术熟练工为基准的作业标准书，对作业人员进行彻底的培训。而且，去发现各道工序中的浪费和持续进行改善活动是很重要的。

改善要在各道工序中实施就不用说了，在计划作业外时间的休息、早会、晚会等时间，机器运转率不好造成的故障损失，调整作业程序的变换所造成的时间损失等都包含在改善对象之列。对于产品的不合格率，有必要研究、商讨检查不合格率的方法和消灭不合格品的技术。

1. 节拍时间由顾客的需求决定

①	顾客需求数量为每天400个；

②	假设1天的工作时间为8小时，求实际可以工作的时间；

实际工作时间=（计划作业时间-计划作业外的时间）×工作率

336分：（8小时×60分-1小时×60分）×0.8

③	求生产数量；

生产数量=顾客需求数量÷（1-产品不合格率）

404个=400个÷（1-0.01）

④	求节拍时间。

节拍时间=实际工作时间÷生产数量

49.9=336分×60秒÷404个

2. 用语说明

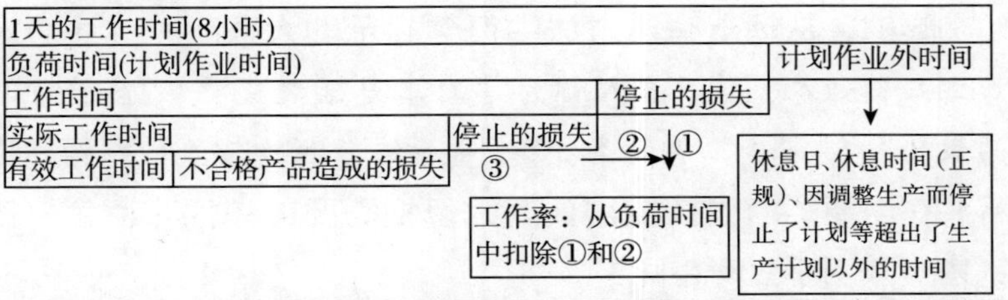

①	故障造成的损失、调整作业程序造成的损失、更换刀具时造成的损失、重新启动机器造成的损失；		
②	异常停止时造成的损失、速度慢造成的损失；	③	调试机器造成的损失。

3. 顾客需求数量变为每天200个

①停止工作；

②减少生产线上作业人员，延长节拍时间。

图 2-7　生产节拍时间

8 后道工序领取方式

所谓后道工序领取是指前道工序生产后道工序所要领取的产品和数量。为什么会产生这样一种想法呢？这是因为传统的生产方式（被称作推动式生产方式）都是由前道工序的生产状况来推动生产，这样会产生半成品库存、空间、搬运等浪费。

传统的生产方式都是在前道工序生产好零件以后，将其拿到后道工序进行进一步的加工。如果前道工序在机械设备和人力上有余力，就会不断地生产很多零件。如果正好与后道工序所需要的零件数量一致是最好不过了，但是很多时候都是不一致的，这样库存就会增加。

就像过了保质期的生鲜食品会腐烂一样，传统生产方式有可能会造成长期库存，产生死库存。

这时，从超市销售方法中得到启示的大野耐一（丰田生产方式创始人，被日本人称为“日本复活之父”、“生产管理的教父”、“穿着工装的圣贤”。——编者注）想到：是否可以将“在需要的时候按照需要的数量把需要的东西带回家”的销售方式用于生产中呢？

在超市，因为只是补充了顾客购买的数量，所以避免了大量买进生鲜食品发生腐烂而造成的浪费。并且，顾客也只是按照需要的数量购买需要的东西，不会买不需要的东西，所以就不会产生浪费。

以这种方式为启示，就产生了这样一种做法，即后道工序在需要的时候按照需要的数量到前道工序领取需要的产品或零件，前道工序生产后道工序所要领取的产品或零件。如果采取这种方式进行生产，就不会生产出多余的产品，因此就不会产生浪费。

1. 传统生产方式(推动式生产方式)

根据生产计划来筹集原材料、配置生产能力（人、方法、机械设备）和生产环境，在顾客所期望的交货期之前交货。

► 在生产计划的指示阶段购入了原材料，如果到了生产确立的阶段，需要变更计划，那么购进的原材料等就会变成库存，之后如果没有人订货，就会变为死库存。

► 在生产过程中，信息的流动一般都先于产品的流动，所以各道工序都是按照计划进行生产。 当然，随着工序的进展，产品也就依次被推往后道工序。并且，在生产过程中，考虑到因为有不合格产品所引起的原材料利用率下降、机械设备故障等因素，就会产生生产过剩的倾向。

► 计划变更内容越多，引起产品的浪费自不用多说，还会因为生产计划的调整等造成工时数的浪费。

2. 超市销售方式（后道工序领取方式）

在小的单位，信息一流动，产品马上会继신息之后流动，所以可以迅速采取措施对应计划和生产的变更，这样浪费就会减少。

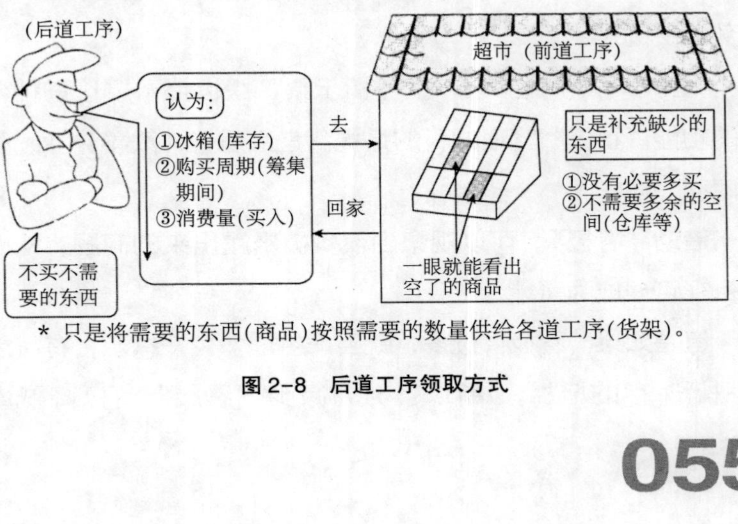

图 2-8 后道工序领取方式

9 何谓看板方式

为了进行准时化生产，就要实施后道工序领取方式（又叫拉动式生产方式），此时就要使用“看板”这种管理工具。

看板方式是一种信息传达方式，利用看板可以传达生产信息，它能够把产品的生产和流动有效地结合为一体，是丰田生产方式中具有代表性的生产管理方法。

传统的推动式生产方式都是信息流动在先，前道工序所生产出来的产品逐次被推往后道工序。采用后道工序领取方式，看板和产品几乎是同时变动。

组装零件工序只是组装销售给顾客的产品，零件加工工序加工组装工序所需要的零件数量，像这样依次向前道工序倒推，形成一种拉动式的格局。

在这样一种方式下，产品需求一产生，其信息就会及时地传达到各道工序，因此可以灵活地对应生产计划的变更，避免浪费的产生。

“看板”具有现品票、生产指示票、搬运指示票这三种传票的功能。“看板”管理的目的是提高产品质量，改善作业，降低库存。

借助“看板”，可以观察到很多被暴露出来的问题，从而使目视管理成为可能。

但是如果“看板”过多，就会产生很多生产指示，有可能会引起库存的增加。所以，努力减少“看板”可以降低库存，抑制生产过剩引起的浪费。

1. 看板的三种功能

①现品票：表示是什么产品、和现货在一起的状态；

②生产指示票：指示何时、何地生产何种产品、数量多少；

③搬运指示票：指示把什么东西从什么地方搬到什么地方。

2. “看板”的目的

表 2-2 看板的目的

①提高产品质量	在需要的时候按照需要的数量传达所需要的产品信息，绝不允许发生错误。一旦发生错误，必须马上更正。 把握在生产过程中注重产品质量这一传统的日本品质管理观念。
②改善作业的工具	“看板”是目视管理的工具，把“看板”和产品结合在一起，一眼就能看到产品名称、产品号、产品数量等。在有“看板”的工序上停止了记录或没有任何记录，这就是作业在某处停滞的证据。 通过观察这种滞留状况，就能明白作业的进展状况，从而明确生产现场需要改善的地方。
③降低库存的依据	根据“看板”的数量，可以把握库存数量，“看板”多库存就会多。 努力减少“看板”可以降低库存，抑制生产过剩引起的浪费。

10　看板的种类

看板大致可分为两种，一种是用于在生产过程中指示作业的“生产指示看板”，一种是用于把零部件领取到生产线上的“领取看板”。

1. 生产指示看板

又被称作“生产看板”、“半成品加工看板”。

①工序内看板：指示前道工序必须生产的零件种类和数量。 对像专用生产线那样在更换作业程序时几乎不花费时间的工序进行生产指示；

②信号看板：在一条生产线上加工多种产品时，更换作业程序会花费一定的时间。 可以用于在某种程度上能够进行批量生产的半成品的加工。

2. 领取看板

又被称作“搬运看板”。

①向外订货看板：又叫“订货看板”。 前道工序是用于向外订货时从供货商那里领取零部件等；

②工序间的零件领取看板：也叫零件领取看板。 为了领取组装生产线上的零部件而设定，用于各道工序之间的零部件领取。

在看板中记载了产品名称、产品号、产品状态、产品数量、加工数量、生产线、看板发行张数、前道工序名称、后道工序名称、基准数量等。

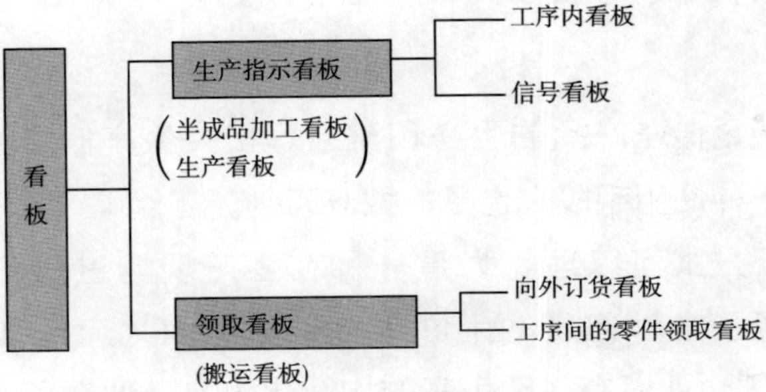

图 2-9 看板的种类

表 2-3 向外订货看板(例)

交货时间	交货放置场所		收货单位
交货周期			收货号
条形码	条形码		条形码
交货公司名称	商品名称	发行张数	收货地点
收货公司货物放置场所	商品号	货物状态（箱种）	
编号	背书号	装货数量	

11 如何使用看板

看板是传送产品的生产和流通等相关生产信息的工具。工具是一种使用手段，也是一把双刃剑。

看板方式可以理解为是一种在生产现场进行各种改善后，实现了某种程度的生产水平和体制时才可能建立的方式。如果企业没有实现生产的均衡化（产品种类和生产量的均衡化）而引进看板体系，作业人员有可能会手忙脚乱。

关于使用看板的前提条件，在图 2-10 中做了整理。请大家参考。

另外，看板应用规则如下。

1. 后道工序领取

在“看板”显示进展过度或停滞的状态下，都会在某处产生问题。使用看板领取零件时有以下三条规则：

①没有看板不得领取零件；

②不得领取超出看板张数的零件；

③看板必须反映现货状况。

2. 只生产后道工序领取的数量

为了把各道工序的库存降到最少而运用看板进行生产，要注意以下两条规则：

①不得生产看板张数以上的产品；

②按照看板到来的先后顺序进行生产。

要成功运用看板方式，就必须从适合企业体制的水平出发，决定相应的规则，一旦确立规则，就必须严格遵守。

① 生产的均衡化

在生产量每天都参差不齐的企业中，看板方式就无法得到良好的运用。如果不根据生产计划彻底实现产品种类和生产量的平均化，就会在包括原材料采购部在内的某道工序处产生很多库存。

② 缩短更换作业程序的时间

根据准时化生产原则进行一个流生产或者小批量生产是有一定意义的。当然，这样做会增加更换作业程序的次数。在更换作业程序的时间没有被缩短的企业，会产生很大的浪费和损失。

③ 后道工序领取方式

看板和产品几乎同时变化。前道工序在需要的时间按照后道工序需要的数量生产其所需要的零件或产品。

④ 不合格产品无限接近零（不让不合格产品流入后道工序）

在生产过程中，以“产品质量是在工序中打造”的思想为原则。当频繁产生不合格产品时，生产计划不能顺利实施，就会造成大量的半成品和生产线停止，从而引发多种浪费。

⑤ 机械设备故障无限接近零

如果异常停止和机器设备故障过多，就不能实现准时化生产。

⑥ 全面实施整理、整顿

看板方式的起点就是整理、整顿。通过扔掉（整理）不必要的东西，可以做到有效利用被浪费的空间。并且，通过整顿可以做到在需要的时候使用需要的东西。

⑦ 全面推行人员意识教育

虽说要消除浪费，但是要理解什么是浪费，就必须进行教育训练。此时，有必要全面推行教育，培养消除浪费的意识，直到员工真正领会到浪费的含义。

⑧ 坚持贯彻现场主义

问题要在有真正原因的现场来解决。在工作场所必须建立起现场主义（三现主义）的体制。

⑨ 作为改善的工具活用看板

在看板显示进展过度或停滞的状态下，都会在某处产生问题。看一下“看板”内容的进展状况，许多问题就会一目了然。并且通过追踪问题，可以实现目视管理。

图 2-10 使用看板的前提条件

12 实施 5S 的目的

像丰田那样具有强烈的改善意识、不断自我钻研的企业，和在同行业中不做很大努力就能存续下来的企业相比较，体制上有着很大的差别。如果丰田生产方式被体制较弱的企业引进，很可能会成为一种因用法不当而致死的烈性药。

没有培育起可以接受丰田生产方式的体制的企业，就要从 5S（整理、整顿、清扫、清洁、素养）管理开始。不过必须明确一个目的，即实施 5S 管理究竟是为了改善什么？只是不假思索地进行清扫，被打扫的地方在某个时候确实会变干净，但是却不能长期保持。

要想长期保持整洁干净，就需要考虑工时数（人×时间）。有的企业只是在顾客来的时候才把工厂打扫干净，目的是为了给顾客留下一个良好的印象。应该每天都进行打扫才能起到作用，但是却因为没有能够每天都进行打扫的工时数，所以也就无从实施。

如果实施 5S 管理，以下这些以前未被发现的问题或虽然发现了却没能改善的问题都会消失。

①轻微缺陷；

②慢性不合格产品；

③非能率（寻找工具时间）。

在此必须注意的是，轻微缺陷和慢性不合格产品都是很难把握的。在半导体工厂，为了做到无灰尘而进行清扫，但不合格产品并没有减少。减少不合格产品需要高水平的清洁型车间。其他的问题也是同样的道理。为了解决轻微缺陷问题，必须有针对性地指向所要实现的目标。

5S的定义

①**整理**：将不必要的东西清除掉；
②**整顿**：确保需要的东西在需要的时候能够立即使用；
③**清扫**：把必要的东西和场所都清扫干净，尽量不要留下垃圾和脏物；
④**清洁**：维持整理、整顿、清扫的成果；
⑤**素养**：使每位成员养成良好习惯，遵守规则。

5S管理带来的变化

以下以前没有发现的问题或虽然发现了但是没能改善的问题将会消失。
①轻微缺陷；
②慢性不合格产品；
③非能率（寻找工具时间）。

作为手段

彻底实施

彻底实施5S的场合，在人员对策方面需要工时数（人×时间）。
如果没有明确的目的，也谈不上彻底实施。

关于轻微缺陷
①通常是指不能发现或发现了却因为问题过小而被忽视的缺陷；
②每一个缺陷都不是很突出，但是数量一多，就会相互作用，影响生产效率。

图 2-11 5S 的定义和目的

13 整理

在射出成型工厂，通过交换模具来拧紧和卸下螺栓时，都是分别使用套筒扳手。在工作比较着急的时候，作业人员往往容易焦躁，生产率低下，不能进行有效的作业。

笔者试着调查了一下出现这种状况的原因。在创业的时候，该工厂使用的都是进口机器，但是现在都换成了日本产机器，所以英寸制的零件和厘米制的零件都混在了一起。虽然在功能上都没有问题，但是进口的都是英寸制的，日本产的都是厘米制的，两者之间有着细小的差别。

通常所说的整理，就是要把英寸制的零件和厘米制的零件分开装箱使用。但是，在生产的时候，两者很有可能会混在一块。这样，就要下定决心将进口的螺栓清除掉，这样可以使更换作业程序的效率提高，而且有利于减少模具破损等问题。

如上述事例所示，即使是还可以使用的东西，如果明确目的，它就会变成不需要的东西。如果将不需要的东西扔掉，就会产生能够有效利用的空间。否则，就会影响生产。

因为要将这些不需要的东西清除掉，所以要事先制订好决策书，必须按照相关决策人和负责人的决定，去清除这些不必要的东西。

在那些不能进行整理的企业，一些设备几乎不能使用了，但还是舍不得扔掉。整理就是要舍弃不必要的东西。就是要将那些虽然还能使用但是却没有必要的东西下决心清除掉。可是，如果像上面一样只是把螺栓分别整理到英寸制和厘米制的箱子里，也不会产生很好的效果。

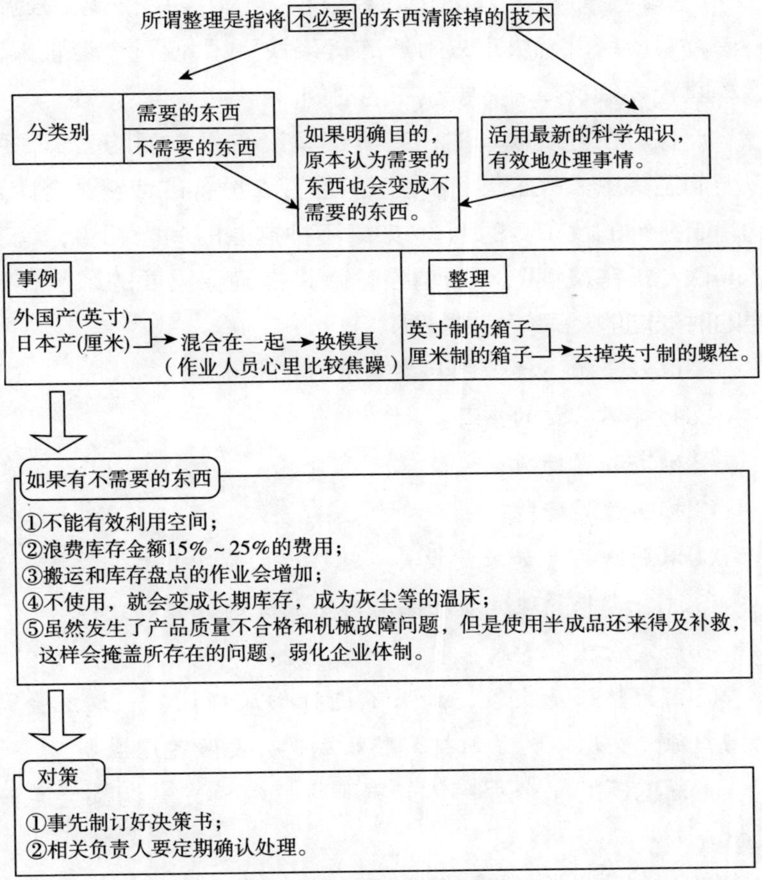

图 2-12 整理的必要性

14　整顿

比如一个经验丰富的工人要取模具，因为在熟悉的地方没有模具，所以就决定去附近的货架找。即使是个老工人，找模具也要浪费掉3分钟左右的时间。

而且，在更换模具时，工具箱里没有所需要的工具，所以要到工具室去取工具，于是又产生了2分钟的浪费，合计大约是5分钟的找东西时间。如果不把这些时间当回事，就不能叫做“正在整顿”。所谓整顿就是指确保需要的东西在需要的时候能够立即使用的技术。

要做好整顿，就必须具备如下的技术：

①扔掉不必要的东西；

②确定放置场所；

③标明放置场所；

④识别物品（如果是模具，就在上面刻印）；

⑤进行台账管理，使物品与其所放置的位置一致；

⑥确定管理负责人；

⑦因为整顿是决策，如果不进行彻底确认，一切就会马上回归原点，所以为了维持好整顿成果，要做定期检查。

上面的任何一个程序，如果不彻底实施，一切都会回归原状。

图2-14是在放置模具的货架和与模具台账的相关内容，在货架上确定了模具放置地标号（详细表示模具放置场所的编号），并且在模具上做了相应的记号。

使用频率高的东西要尽可能地放在离工作岗位近的地

方，以减少移动距离。

在放置零件时，货架的高度对于作业人员来说没有什么问题，但是要考虑到监督人视线所能到达的范围。货架的空间需要设计一下，尽量不要超过合理库存的范围。

1 扔掉不需要的东西

东西一多，在找所需要的东西时就要花费时间。

2 确定放置场所

事先确保放置场所的空间。

3 标明放置场所

放置地标号（如图2-14所示）

4 识别物品

如图2-14所示

5 台账管理

使物品与其放置场所保持一致（如图2-14所示）

6 确定管理负责人

每个区域都要事先确定其责任的所在。

7 定期检查

坚持实施很重要。通过定期检查来确认整顿成果的维持状况。

图 2-13 整顿的程序

放置模具的货架

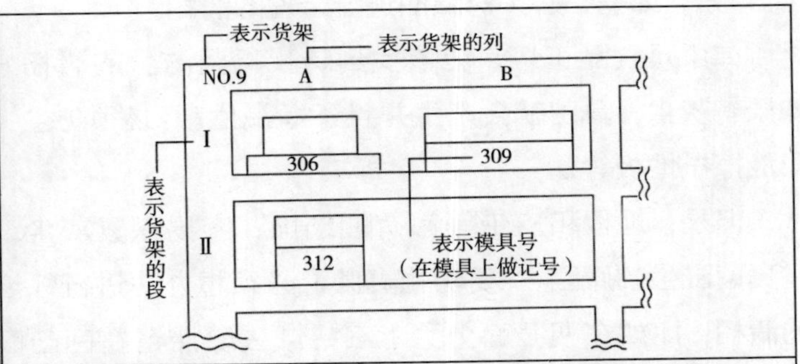

模具台账

模具名称	模具号	放置场所	备注
＊＊	306	NO.9– Ⅰ –A	
＊＊	309	NO.9– Ⅰ –B	
＊＊	312	NO.9– Ⅱ –A	

图 2-14 模具货架与台账

15　清扫

所谓清扫就是把必要的东西和场所都清扫干净，尽量不要留下垃圾和脏物。

用扫帚清扫垃圾和脏物，将其集中到簸箕里面，然后倒入垃圾箱，垃圾和脏物马上就不见了。地板表面的清扫比较容易，是最初就应该着手的课题。这有利于改善企业体制，提高问题意识。

为了避免清扫以后马上变脏，在通道上设置区划线，禁止在通道放置东西，在各个通道分别设置垃圾箱。但如果只是以此为目的来清扫的话，是不能得到预想的结果的。

对于从机械上漏出来的油污，要确定漏油的源头，加强对机械的检查。为了避免其再次漏油，必须对漏油点进行改善。无论如何，必须对漏油进行合理的清扫。

如果是食品工厂，应该找到防止真菌滋生的清扫方法。如果有灰尘，真菌就会产生并且不断滋生。必须防尘、用消毒液擦拭地板等。

但是，地板和皮带等都有凹凸面，容易积累灰尘，这也是真菌滋生的原因。要防止真菌，必须想办法进行仔细彻底的清扫，比如在凹凸面上涂上石蜡或去除滞留在凹凸面上的灰尘等。

对于不合格产品，必须仔细考虑其原因所在，然后彻底扫除。当然，这样工时数（人数×时间）就会增加。清扫时如果不明确和瞄准目的，就不能进行彻底的清扫，那么继续开展工作是很困难的。 当然，也不会有什么成果。

表 2-4 清扫的程序

程序	内容
清扫 （扫帚、垃圾）	①清扫地板、机器、墙壁、天花板 ②清扫周边的地方，有利于提高生产意识 ③通过清扫，可以发现问题点
设定区划线	①设定区划线，分清通道和放置场所 ②禁止放置半成品和移动性货架等 ③标明“危险”等指示 ④设置垃圾箱（要针对垃圾种类分类收集）、灭火器
明确目的	①清扫需要花费工时数（人数×时间） ②为了取得一定的成果，必须明确清扫目的 ③瞄准目的，进行彻底清扫
找到发生源（垃圾、灰尘、污物）	①通过电路检查系统（油压系统、润滑油系统、空压系统、电子系统、水系统） ②特别指定入口（人、资材、零件、货架、管道） ③查找问题发生地点（打孔、切割、糊状物的排出）
微观的改善	①清扫地板凹凸面的污物 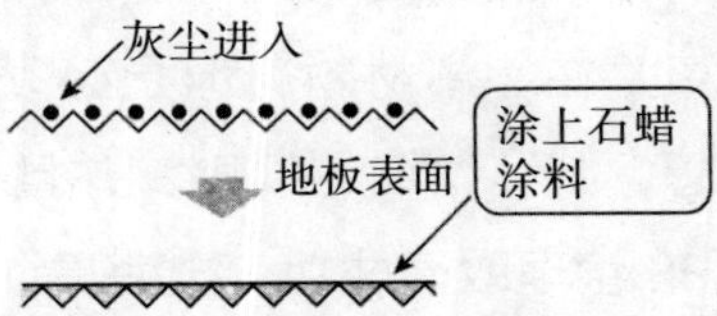 ②用显微镜扩大观察（找到细微的灰尘、垃圾、真菌、细菌） ③记录温度、振动、气味、光、噪声等的具体数值

16 引进丰田生产方式从 5S 着手时的注意点

虽说是 5S，但是最基本的还是 3S（整理、整顿、清扫）。沾染了油污、油渍的时候，实施 3S 管理会颇有成效，必须继续维持这些成果。

为了维持 3S 管理的成果，一般都要制订标准的规则，我们把这种行为叫做清洁。

要使每位成员坚持遵守这些规则，素养是必需的。

但是，并不是实施了 3S 和 5S 管理，丰田的工厂体制就加强了。在需要的时候按照需要的数量将需要的东西供给各道工序，在丰田这一基本思想中，在瞄准目的、坚持遵守规则的过程中，3S 管理才算得到了完善。

比如，在各道工序中，如果将不需要的东西放在生产线的旁边，那么在搬运东西和取东西的时候，这些东西就会成为工作的障碍。

于是就规定绝对不要在生产线旁边放置不需要的东西，要规定放置场所（详细标示物品放置的地方），要做到能够从规定的场所毫无浪费地取到所需的东西。

虽说只是在筹集材料，但是必须本着绝对不能产生一秒浪费的思想，制订详细的规则，并且彻底实施这些规则。为了能够使 3S 管理取得成功，全面贯彻这些规则是很重要的。

但是企业所能够利用的工时数是一定的。

我们必须注意，虽然一直在呼吁 5S 和 3S 管理，但是如果没有明确的目的，似就无法彻底实施 5S 和 3S 管理。

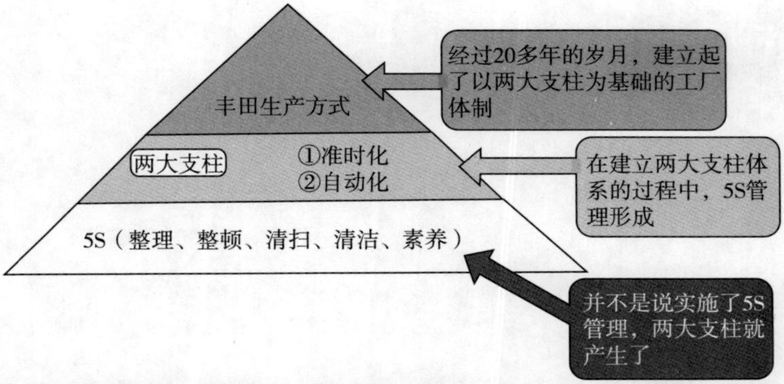

在引进丰田生产方式时，因为工厂体制上还不完善，所以先从引进5S管理开始的企业增多起来

图 2-15 并不是说引进 5S，工厂体制就能得到改善

引进5S管理时需要注意的地方

（1）5S管理不能胡乱实施。否则，反而会产生浪费。

（2）要使5S能够取得成功，明确目的、瞄准目的、彻底实施是很重要的。

（3）要彻底实施5S管理，就必须相应的工时数（人数×时间）。如果不明确5S管理的目的就不能取得有效的成果，形成浪费。

[例] 把旧的资料移到右侧去，如果不放到架子上，就做其他的处理。

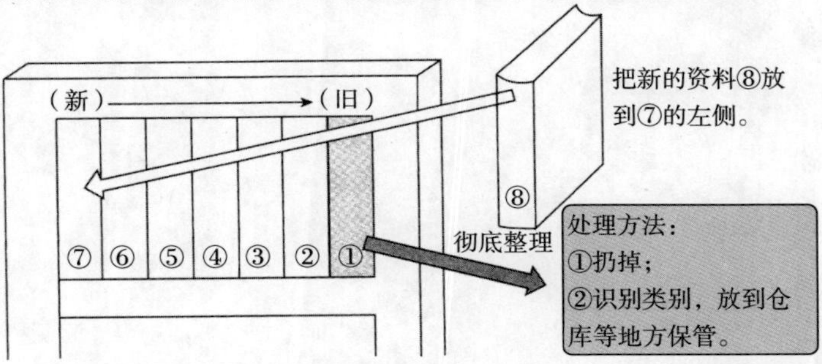

图 2-16 引进 5S 时的注意点

专栏3

准时化和回转寿司

回转寿司就是使顾客能够在需要的时候按照需要的数量吃到需要的东西，所以可以叫做准时化方式。在吃回转寿司时，当取不到的时候，可以等旋转柜台转一圈，但是寿司的新鲜度会有所下降。新鲜度检测很严格，转了好几圈的寿司会被废弃处理。

被废弃处理的寿司一多，就会产生生产过剩的浪费，所以做寿司的人要不断地留心寿司的准备状况和负荷变动状况。

做寿司的职业被称为吃青春饭的职业，但是做寿司的人一般以年轻人居多，很少有做过很多年的人。这是因为工作的标准化和多技能工在不断发展的原因。

准时化的前提就是“均衡化”生产。均衡化就是使产品稳定而平均地流动，在作业中不产生浪费。

对于回转寿司而言，决定负荷变动的最主要因素就是顾客的数量。寿司店的座位数量一定，准备进入店内的顾客也受到停车辆数的限制，不能入店的人都去别的店里光顾了，所以等待的顾客也是被平均化的形态。

就像一看到盘子的颜色就知道价格一样，“可视化”正在发展之中。做寿司的人、数盘子的人、收拾盘子和洗盘子的人都同时工作的并行化也被吸收了进来。

回转寿司店虽然不知道自己在哪里运用到了丰田生产方式，却也可以说是活用了排除浪费这一理念的典范。

第3章 自动化

· 永不停止的生产线是好还是坏?

——大野耐一

丰田汽车工业副社长　昭和五十年~昭和五十三年

(1975~1978年)

1 何谓自动化

笔者在前文已经叙述过，丰田生产方式是由准时化和自动化这两大支柱构成的。准时化把各道工序间的物流看成是河流，尽量使其没有浑浊堵塞的地方，将其改善为没有时间差、没有浪费的物流。

与此相反，自动化却把重点放在了“阻止流动”上。在丰田，将人类的智慧——判断力赋予机器，在机器上安装了能够判断机器作业状况好坏的装置，一旦发生问题，传感器就会感知到异常，自动停止机器设备的运转。

这就是被称为“人性化自动化”的原因，其中也包含作业人员自己按一下停止开关终止生产线的情况。

机械停止就意味着生产线停止。生产线一旦停止，就应立即赶到发生问题的现场，进行改善活动。因为迅速在各道工序内进行了改善，所以可以防止不合格的产品流向下一道工序和顾客。

在“非人性化自动化”情况下，如果机器容易出现问题，就需要解决问题的监视人员。但是，在“人性化自动化”情况下，如果发生问题，机器设备会自动停止运转，所以无须配置专门的设备监视人员，却同样可以达到“省人化”的效果，节省工时数。

并且，因为是在没有时间差的状况下迅速赶到生产现场解决问题，所以更容易了解问题的真正原因（真犯人）以便加以解决。对于被押到现场的“犯人”（问题点），很多时候是没有必要采取高度对策的。

1. 非人性化自动化和人性化自动化的不同

表 3-1　非人性化自动化和人性化自动化的不同

	自动化	自动化
机械停止	只要人不切断开关，就会继续生产	机器自己感知到异常，根据自身的判断自动停止
生产状况	继续生产不合格产品	不把不合格产品送往下一道工序
解决问题	查找原因的时间滞后，很难把握真正的原因	因为迅速赶到发生问题的现场解决问题，所以很容易把握真正的原因
排除浪费	包含对后道工序的检查在内，会产生很多浪费。大多数情况下人员不会减少	可以实现省人化

2. 何谓在现场迅速采取行动

（1）发生问题。

（2）从发生问题的现场传来信息（指示灯、警报装置等）。

（3）停止发生问题地方的机器设备。

（4）彻底实施三现主义（现场主义）。

①现场：到发生问题的现场去（监督者、救援者等）；

②现物：观察现物和发生问题的场所；

③现实：仔细观察所发生问题的状况，听取作业人员的意见。

要点

①必须学习观察现场的方法和着眼点；

②要解决问题，就必须舍弃先入为主的观点，养成反复问5W（5个为什么）的习惯。

2 “自动化”和“准时化”的关系

“准时化”就是要使物品没有浪费地流通，特别是消除时间上的浪费。 与此相反，“自动化”则把重点放在了阻止物品流通上。 因为是阻止流通，所以看起来是与“准时化”相反的思维。

确实，停止机械运转，停止生产线的流动，物品的流通就会不顺畅。 但是，停止机械运转是为了使问题在产生时可以迅速解决，以免残留延续到后面的工序。 这样做，将来的产品流通将会变得顺畅。 通过彻底实施改善，可以建立起没有浪费且更加有效的生产体制。

在长年进行种种消除浪费的改善活动的过程中，“准时化”和“自动化”这两大支柱的基本思想以一种相互融合的形式在丰田成长起来了。

机械具有高性能化和量产化，如果只是依赖人，在发现不合格产品之前就会生产出大量的产品。 如果实现了自动化，在瞬间就可以发现不合格产品，从而将防患于未然。

在自动化的状态下，一旦产生不合格产品，就会立即停止生产线并进行改善活动。 但是，许多企业都是继续运转机器，先取得不合格产品的数据，等到将发生状况进行 VTR 摄影后，再去实施改善，这样改善就迟滞了。

像丰田这样立即停止生产线并加以改善的做法，可以保证产品质量。 很多没有停止生产线的企业就是因为没有培育出一种停止生产线后能迅速进行改善的体制，从而产生大量的浪费。

5W（5个为什么）

通常，5W1H是指(什么时候、什么地方、谁、做什么、为什么、怎么样)。不过，在丰田就是通过反复问“为什么”来查找问题发生的真正原因。

（事例）

①问：“金属碎片在哪里混入的？”

答：“在干燥线上混入的。”

②问：“为什么会在干燥线上混入？”

答：“因为皮带传输线的温度太高，轴承容易破损。”

③问：“为什么有五条一样的生产线，却在C生产线上混入的要多些？”

答：“测量了一下温度，C生产线的温度比其他生产线的温度高出30℃。”

④问：“为什么C生产线的温度高?”

答：“因为燃烧器的角度、位置、检查频率与其他生产线不一样。”

⑤问：“为什么其他生产线的检查频度少，但是还是混入了金属碎片？”

答：“轴承老化是不可避免的，在轴承破损前必须将其更换。用声音测量仪做定期检查，如果发出了破损前出现的物体互相接触的异常声音，就要更换轴承。”

为什么在停止了4次后混入了金属碎片？反复操作5次，提高轴承的更换频率，混入的金属碎片就会无限接近零。反复问为什么就能追究到问题的真正原因。

自动化的基本思想

①把人和机器分开使用，认识到人类的优越性；

②加强设备保养，定期检查（油压、气压、更换刀具、添加油、质量相关问题等）。

3 “自动化”为什么在企业不成功

所谓自动化就是指把重点放在阻止生产线的流动，当发生异常状况时，生产线就会自动停止的生产结构体系。

因为是发生异常状况而停止，所以类似下面的异常状况一多，就不能正常作业。

①经常发生机器设备故障和异常停止状况；

②没有能力在生产过程中保证产品质量，经常发生不明原因引起的产品质量不合格问题；

③没有培养出能够找出原因并进行改善活动的专业人员；

④没有培育出能够及时把握异常状况，迅速采取相应对策的工厂体制；

⑤因为标准作业化不完善，没有形成一种偏离标准就作为异常而停止生产线的结构体系；

⑥生产线自动停止时，指示灯和警报装置等却没有反应；

⑦更换作业程序的时间没有被缩短。

如果上述问题没有得到明显改善，生产线会频繁停止生产，就不能迅速采取对应措施，机器停止时间就会延长。 这样，就不能确保所需要的生产数量，有可能会使交货期延迟。

同时，经常异常停止会造成生产线下一次再启动时产品的质量不稳定，在产品质量从不稳定到稳定的一段时间内，会产生大量的不合格产品。 生产线异常停止的次数越多，产品的合格率就越低。

1. 可以进行自动化的生产线

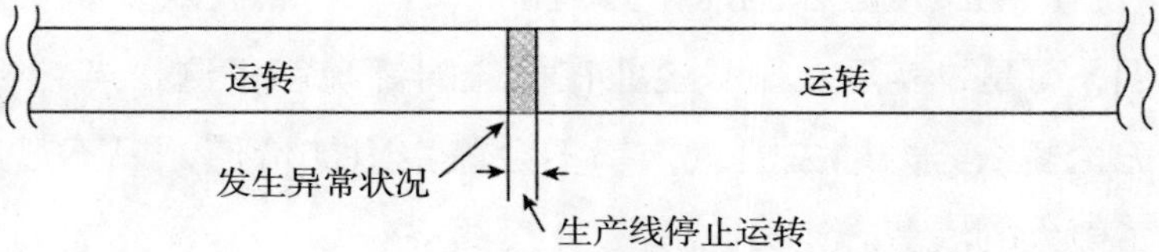

图 3-1　自动化生产线

①停止频率少；
②有迅速恢复生产的实力（包含微调整）。

优点

因为很快就寻找原因，所以能够把握住问题的真正原因，轻而易举地解决问题。

2. 难以实现自动化的生产线

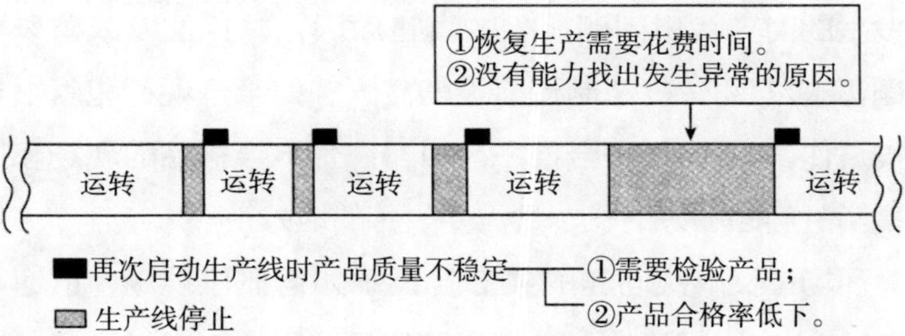

图 3-2　难以实现自动化的生产线

问题点

①生产线停止频率过高；
②应急处理太多，没有实力恢复生产。

4 产品质量是在工序中打造的

“产品质量是在工序中打造的”这一观点被众多企业所提倡，可是，实际上很多企业在检查时都疏忽了这一点。因此无论多么努力地去检查，都不会产生附加价值，只不过产生了更大的浪费。

在丰田，因为**坚持贯彻“不生产不合格产品”而非“发现不合格产品”**，所以一旦发生问题，机器马上就感知到异常状况而停止生产线，或者作业人员马上停止生产线。

停止生产线，期望“能够通过彻底实施对应不合格产品的对策，使不合格产品无限接近零”。为此，需要引进现场主义解决问题的方法，建立起追踪问题的工厂体制。

当产生问题（不合格产品）时，在发生问题的现场，在正在发生的时刻找出问题产生的真正原因，并且加以改善以免问题再次发生。就像制造事端的犯人，如果是现行犯就很容易被逮住。产生了不合格产品时，产生不合格品的现场和时刻是解决问题的好时机，是需要改善的地方。

现场主义解决问题的关键就在于如何抓住现场，迅速采取行动。有时候虽然专家赶来了但是“犯人”已经跑了（不合格产品的产生原因不见了），这样再去查找原因是很困难的。

如果经常与不合格产品接触的作业人员能够养成用 5W 来思考的习惯，就能够把问题逐个解决，不合格产品就会无限接近零。 图 3-3 是笔者在利用现场主义解决问题的方法，详细内容将在第四章第十一节中说明。

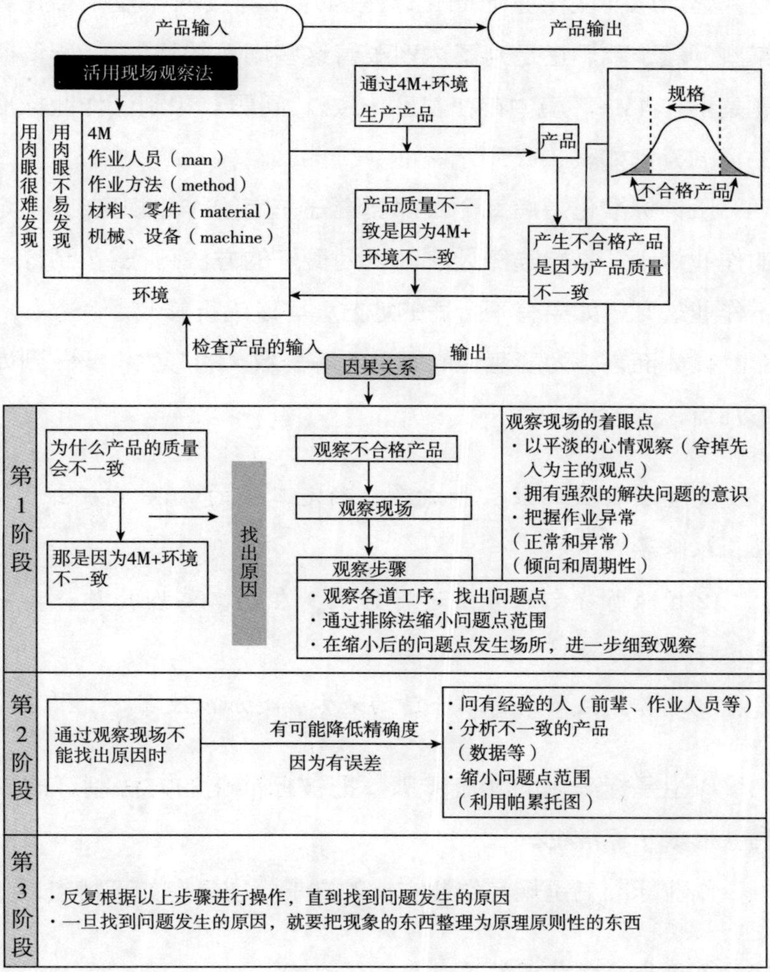

图 3-3　在现场解决问题

5　作业标准和标准作业的不同

之所以要使作业标准化，是因为在现实的作业中存在着某些问题，我们正是为了达到改善这些问题的目的。所谓问题是指在4M+环境中存在着不一致。问题点和制订作业标准的目的分别如表3-2所示。

所谓标准化是指每个人都要遵守一定的作业规则，“一定的作业规则”是指选择大家都认为最好的方法。试着制订一下作业规则，如果有不合适的地方，可以进行修改。

具体而言，为了避免问题点（不一致）的产生，要做到如下几点：

①整理过去的经验和成果，确定工作的做法（方法、责任、权限等）；

②按照所确定的方法进行作业，在此需要检验是否要一直遵守这种方法；

③工作方法如果有不合适的地方，要加以改善。

以上是标准化的实施步骤，把被标准化的方法制订成文书就形成了标准书。

作业标准书是规定作业方法的文书，它具有如下特点：

①选出应该管理的项目；

②选出管理所需要的条件；

③使选择条件稳定；

④是被书面化的东西。

各企业的叫法会有差别，如作业程序书、作业指南书、作业要领书、作业指示书、作业指导书等。

作业标准和标准作业有不同的含义。**作业标准是以各道工序的各项作业为对象的标准。标准作业把单个产品生产所需时间标准化，不仅以各道工序的各项作业为对象，更是以生产整体为对象。**

表 3-2 作业标准的目的

问题点（不一致）	作业标准的目的
①4M+环境不一致引起结果（产品质量）不一致	①确定作业方法
②新人和工作不熟练的人作业水平有差别，需要时间学习（所需要花费的时间不同）	②尽量使新人和工作不熟练的人在短时间内也能做相同的作业，使培训变得简单和有效率
③因人不同致使指示方法有差异	③为了有效促进作业，使命令、指导、指示、监督都简单化
④因为不能明确把握现在的作业，所以效率低下	④通过重新改善现在的作业，制订明确的作业标准，可以实现作业的效率化
⑤作业的分工不明确，所以人的不同导致作业有很大差异	⑤明确作业的分工，尽量确保各作业者之间（各部门之间）的作业切实实施
⑥各部分的责任和权限不明确	⑥明确各部门的责任和权限

（续表）

问题点（不一致）	作业标准的目的
⑦因为是多品种小批量生产，在库存和更换作业程序时会产生浪费	⑦通过标准化来提高通用性和兼容性
⑧技术在于个人的经验，如果人不在了，就必须从头开始	⑧整理存在于人的经验中的技术和数据，使其变为任何人都能够掌握的技术

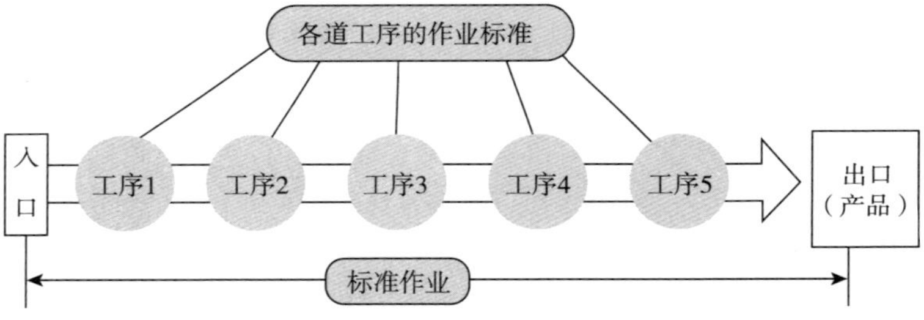

图 3-4　作业标准和标准作业

6 标准作业的着眼点

通过自动化，停止发生异常的机械设备。 但是必须有一个异常的基准，这个基准就是标准作业表。

在停止生产线的时候，对于机械设备来说，因为在其上面安装了能够判断作业好坏的装置，所以没有问题。 但是对于人来说，必须有一个作为判断基准的标准作业。

标准作业包含以下 3 个基本要素。

1. 生产节拍

生产一件产品所需要的时间，即作业速度，也叫周期时间、节拍时间。 这是由顾客的需求量来决定的。

生产节拍 = 一天的劳动时间 ÷ 一天的需求数量

2. 作业顺序

详细记载了作业人员在进行加工作业时的顺序，在各道加工作业中还记载了作业的时间。 无论谁在进行作业时，都必须按照相同的作业顺序和作业时间来进行加工作业。

3. 标准存货量

是指能够让作业顺利进行的、最少的、必需的中间在制品数量，包括附在各机器上的东西和需要花时间进行干燥等的东西。

以上述的 3 个要素为基本，使作业要领书（记载作业过程中的着眼点和注意事项，吸收熟练工人的作业技巧制订成的标准书）的内容变得充实起来。

为了实行标准作业，需要制订“不同工序能力表”、“标准作业组合表”和“标准作业表”。通过不同工序加工能力表（表 3-3）可以清楚各道工序的加工能力。

1. 生产节拍

$$生产节拍=\frac{一天的劳动时间}{一天的需求数量}$$

备注：①一天的劳动时间是指每天规定的劳动时间，不包含加班时间；

②一天的需求数量是一个月的劳动天数除一个月的需求数量。

计算例子：

$$生产节拍=\frac{400\ 分}{510\ 分}=47\ 秒$$

2. 不同工序加工能力

表 3-3 不同工序加工能力表

<table>
<tr><td colspan="2" rowspan="2">不同工序能力表</td><td colspan="2">产品号</td><td colspan="2"></td><td colspan="2">型号</td><td colspan="2"></td><td>认可</td><td></td><td>年月日</td><td></td></tr>
<tr><td colspan="2">产品名称</td><td colspan="2"></td><td colspan="2">个数</td><td colspan="2"></td><td>确认</td><td></td><td>制作人</td><td></td></tr>
<tr><td rowspan="2">工序</td><td rowspan="2">工序名称</td><td rowspan="2">机号</td><td colspan="6">基本时间</td><td colspan="2">刀具</td><td rowspan="2">加工能力（个数）</td><td rowspan="2">备注</td></tr>
<tr><td colspan="2">手工作业时间分秒</td><td colspan="2">自动传送时间分秒</td><td colspan="2">完成时间分秒</td><td>更换个数</td><td>更换时间</td></tr>
<tr><td>1</td><td>取料</td><td></td><td></td><td>3</td><td></td><td></td><td></td><td>3</td><td></td><td></td><td></td><td></td></tr>
<tr><td>2</td><td>A</td><td></td><td></td><td>5</td><td></td><td>23</td><td></td><td>28</td><td>100</td><td>2′50″</td><td>1000</td><td></td></tr>
</table>

(续表)

不同工序能力表		产品号		型号		认可		年月日	
		产品名称		个数		确认		制作人	
工序	工序名称	机号	基本时间			刀具		加工能力（个数）	备注
			手工作业时间分秒	自动传送时间分秒	完成时间分秒	更换个数	更换时间		
3	B		6	23	29	80	3′	1000	
4	C		8	30	38	15	40″	800	
5	D		4	37	41	10	30″	1000	
6	E		4	32	36	10	20″	750	
7	存放加工材料		3		3	80	3′	1000	
合计			33						

注：①不同工序加工能力表是制订标准作业组合表时的基准；

②机号：机械号；

③加工能力是指 1 天规定工作时间内的加工能力。

7 标准作业组合表和标准作业表

通过图 3-5 一眼就能明白节拍时间内的人员和机械的运转情况。 如该图所示，虽然有 7 道工序，但是工作却很均衡，所以很容易发现有问题的工序并对其进行改善。

可以调查到安装零件等手工作业的正确时间、从一个机械移动到另一个机械的正确时间、机械自动传送加工的正确时间。 因为是反复操作，所以前面的作业必须在下次的作业周期到来之前完成。 此时，是否有空余时间就是改善的关键点。

标准作业规定了每个作业人员的作业范围，能够使每个人都明白作业的内容。

在反复作业的过程中，1 次的作业周期就是节拍时间（tact time）。 用标准存货量里的记号（●）表示标准存货的数量，处理刀具等用机械用注意安全的符号（✚）表示。

把以人的动作为中心的作业的各道工序做成标准作业表。 在各道工序实施标准作业化的条件还不完善的企业，可以在尽可能的范围内引进标准作业组合表的基本思想，提高消除浪费的水平。

如果制订了标准作业，就必须对员工进行培训，使其能够理解标准作业的内容。 另外，在停止生产线时自不必说，即使生产线正常运转，也要不断改善各项作业，并相应修改标准作业表的内容。

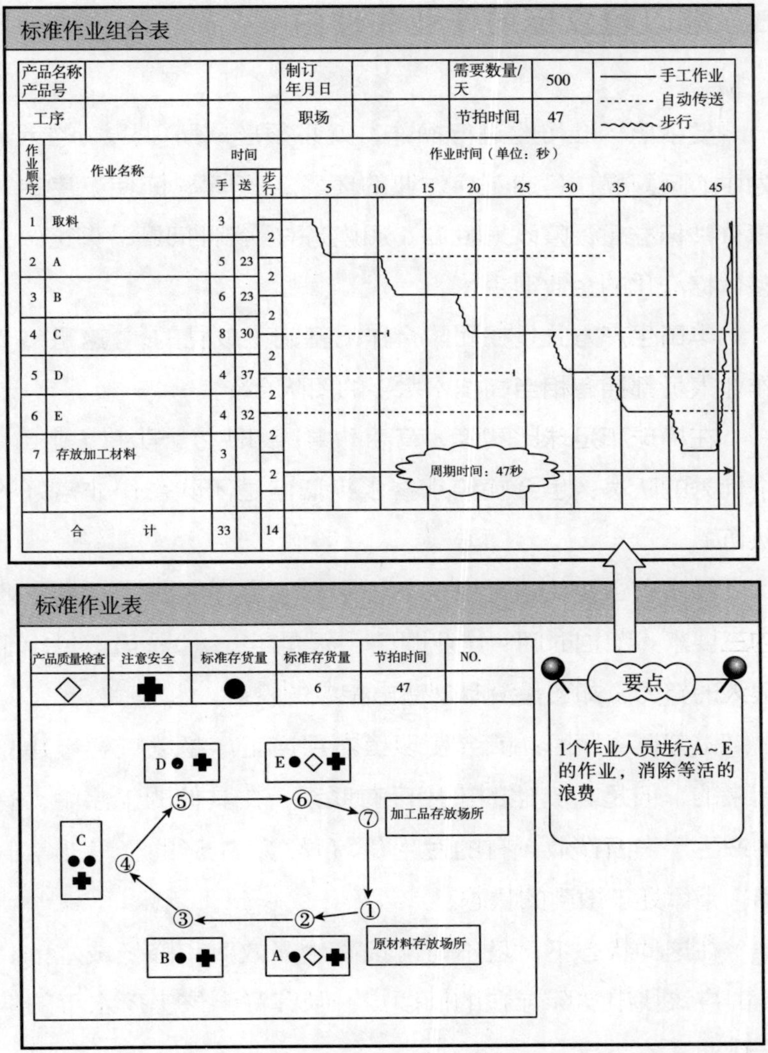

图 3-5　标准作业组合表和标准作业表

8 难以建立标准作业的理由

要依照标准作业进行操作，就必须形成可以以人的运转为中心反复操作各道工序作业的环境。但是，即使工序的一部分被标准化，整体（图 3-6）也会产生各种问题，真正做到整体标准化的企业很少。

丰田生产方式是在团队合作的基础上成立的。这是每个作业人员都拥有相当高技术水平的团队合作。

在棒球和足球比赛等体育活动中，即使每个队有 1 个或 2 个优秀的队员，也会输给那些水平低但是团队合作非常好的队伍。

经常有企业反映，只是在一部分工序中吸收了标准作业的三要素（节拍时间、作业顺序、标准存货量），虽然付出了很大的努力，却还是没有创造出相应的收益。

试着调查原因，就会发现虽然那道工序是以三要素建立起来的，但是与其他的工序没有联系，在其他的工序中，有的产生了表面作业，有的发生负荷异常，工厂的士气非常低落，整体处于散乱的状态。

在这种状态下，是不可能提高生产效率和降低成本的。此时应该找出实际存在的问题点，制订符合该工厂水平的标准作业。

丰田生产方式的想法是很优秀的，已经成为制造工厂的范本。但是，那些不知道衡量自己的水平就任意引进丰田生产方式的企业，经常会遭受到沉重的打击。

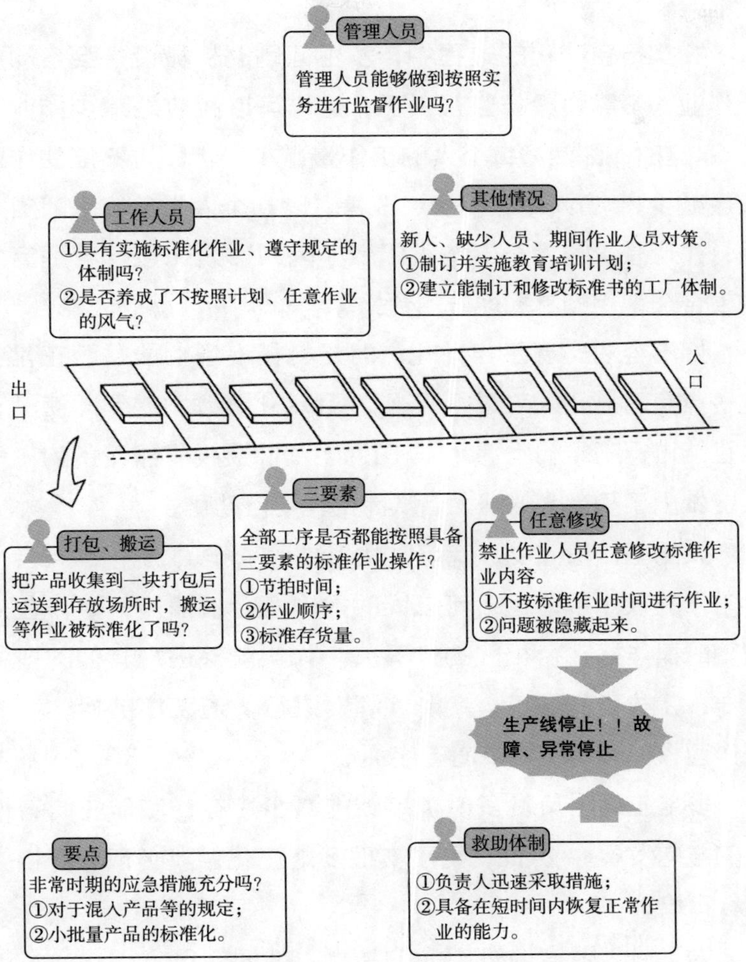

图 3-6 建立标准作业过程中出现的问题

9　省人化和多能工化的不同

在实行自动化的过程中，发生问题时机械设备会自动停止作业，不需要设备监视人员，这样可以相应地减少作业人员。这时，即使将每个人的工作量减少一半，也不能使作业人数减少。省人化是指通过改善，以一个人为单位来节省人员，并且减少的人员不能被闲置，因为省人化包含着把富余的人合理地用到其他地方的含义。

好不容易实现了自动化，但是机械设备功能是否正常？这一点有时需要人来进行监视。自动化必须发展到即使没有人也能进行工作的水平。丰田为了消除监视机械设备的人员浪费做出了相当大的努力，从而实现了自动化。

人的工作量减少，就可以从事其他工作。现在，只会一种工作的人（单能工）可以同时操作多台机器（一个作业人员同时操作好几台相同的机器）。如果能够进行其他的多种工作，就成了多能工，就能够同时进行多道工序的操作（一个作业人员同时负责多道工序）。

多能工同时负责多道工序就能减少库存，使作业向着期望的方向发展。因此，为了实现多能工化，就必须进行相应的教育培训。

为了最大限度地发挥人的能力，就要实行省人化、多能工化，用机器能够完成的作业就不要交给人去做，让人做机器不能操作的作业。

省人化

通过改善以一个人为单位，节省人数。明确人和机械的作业分工是关键。与此类似的词中有省力化，是指把手工作业的一部分换用机械来操作。

负责多道工序

一个人在周期时间范围内同时负责多道工序进行作业，也叫纵向拥有。

(特点)

①一个一个地生产产品；

②容易实行均衡生产；

③不会使库存增加；

④有利于多能工化的推进。

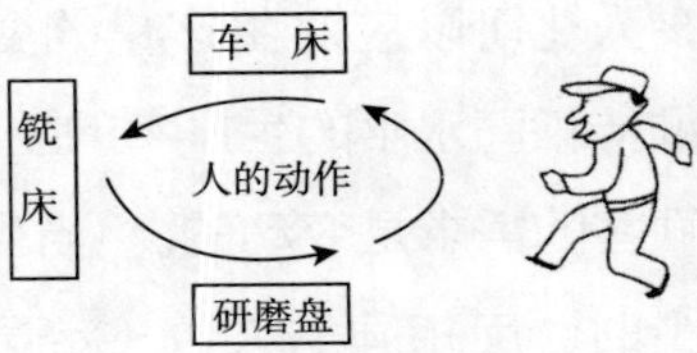

同时操作多台机器

一个作业人员同时负责操作多台具有相似性的机械设备，也叫横向拥有。

多能工化

一个人同时操作多台种类不同的机械设备。

为了实现多能工化，需要进行教育培训。作为对员工的能力评价。可以采用右图。

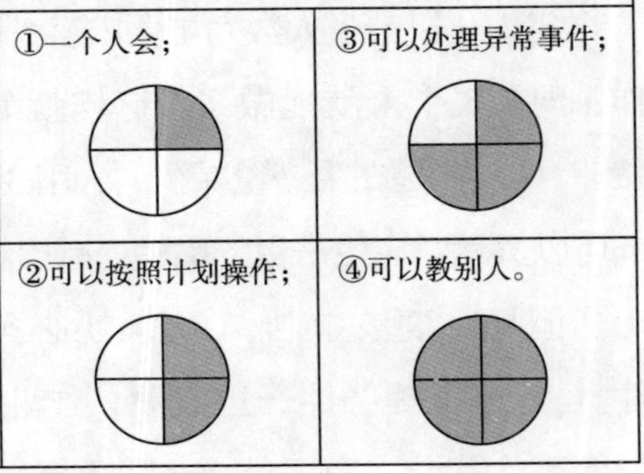

图 3-7 车间用语说明

10 少人化和省人化的不同

将堵塞河流、使河流浑浊的障碍一个个地排除掉，河流就会变成没有障碍的清流，畅通无阻。像河流一样，清除阻碍作业流程的障碍，形成畅通无阻的流水线进行生产，在这条生产线上配置认为最有效的工时数，推进少人化。

少人化可以应对生产量的变动，随时增减人数，建立起可以维持相同水平的生产率的生产线。

顾客的需求是变动的。当生产数量随着需求数量的减少而减少时，用相同的人数（定员制：不增减工时数）进行作业，生产率就会降低。此时，需要减少人数来进行作业。

生产工序偏离主生产线，就好比孤立的小岛，不能使人灵活应对生产量的增减，从而妨碍少人化的实施。少人化就是要减少工时数，要与减少人的省人化区分使用。

省人化以节省人数为主要内容，比如以前要用 5 个人做的工作，现在 3 个人就能做了，这样就节省了 2 个人，可以减少浪费。少人化是在生产量减少时，用 3 个人或 4 个人就能做了，这样可以灵活对应生产量的增减，减少浪费，更加节省人力。

但是，要实施少人化，就必须具备下图所示的前提条件。这些前提条件一旦崩溃，作业人员就会因劳动强度的增加而产生疲劳，有可能会威胁到安全生产。当然，也会对产品质量造成一定的影响，不能生产出质量好的产品。企业必须从日常开始努力认清这些前提条件。

表 3-4 实现少人化的前提条件

前提条件	内容
从根本上重新认识传统的生产方式，采用可以实现少人化的生产方式	①停止批量生产方式，实施一个流生产 ②不固定作业人员的工作
可以灵活应对生产线的变更	①与其大规模地引进机器人，还不如有效利用自由空间大的人 ②不固定机械设备和工具，可以灵活应对生产线的变更
研究生产线的布局，排除移动的浪费	①根据各道工序的顺序来排列设备，使一个流生产成为可能 ②消除孤立的小岛，把人集中到一个地方，使团队合作成为可能 ③不同工序配置和 U 字形的机械设备布局
实现作业人员的多能工化	①为实现作业的轮流替换培养多能工 ②让作业人员同时控制多道工序 ③实行作业的标准化，使作业人员在作业过程中尽量不要产生不一致
计算周期时间，分配最有效率的工时数，投入需要的人数	根据需求量的增减来增减作业人数，活用周期时间

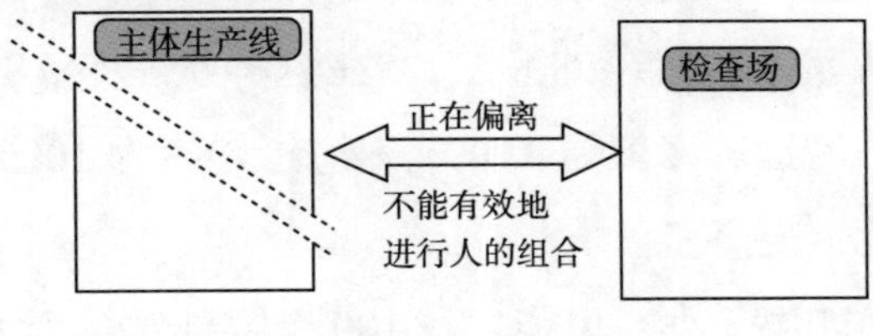

图 3-8 作业工序

注：因为该道作业工序偏离了主力作业工序而独自孤立，所以即使想根据生产量的增减，通过与主力作业工序的作业人员配合来实现少人化也很困难。

11　工作率和可运转率的不同

通常，**工作率就是“实际生产业绩与机器设备满负荷运转时能力的比率”**。如果一台机器一个小时能够生产 200 个产品，但实际一个小时只生产了 60 个，那么它的工作率就是 30%。

虽然有能力，但是如果经常更换作业程序，经常产生异常停止，生产出不合格产品，就会造成浪费，需要不断进行改善。如果按照能力进行运转，工作率就会不断提高。

这样，如果最大限度地利用机械设备的能力，让机械设备在作业时间中满负荷地运转，生产数量就会不断提高，但是有可能产生生产过剩的浪费。

在丰田，开动机械设备时，**用可运转率来表示能否按照其能力生产出顾客（或后道工序）所需要的数量。**比如，一天的作业时间为 8 小时，1 小时可以生产 200 个零件的机械设备如果满负荷运转，1 天就能生产出 1600 个零部件。但是，如果顾客需求的数量为 600 个，那么就有 1000 个是生产过剩的浪费，从而引起库存的浪费。在这种状况下，1 天能够运转 3 小时，可运转率就是 100%。可运转率为 100%是最高，再也不会比这更高了。

相反，如果 3 小时只能生产 100 个零部件，可运转率就是 50%，就意味着在生产过程中发生了异常停止或产生了更换作业程序等操作。可运转率是表示机器设备开动时，是否可以按其能力进行运转的指标。为了使可运转率达到 100%，必须总结机械设备的故障经验，对机械设备进行合理保养。

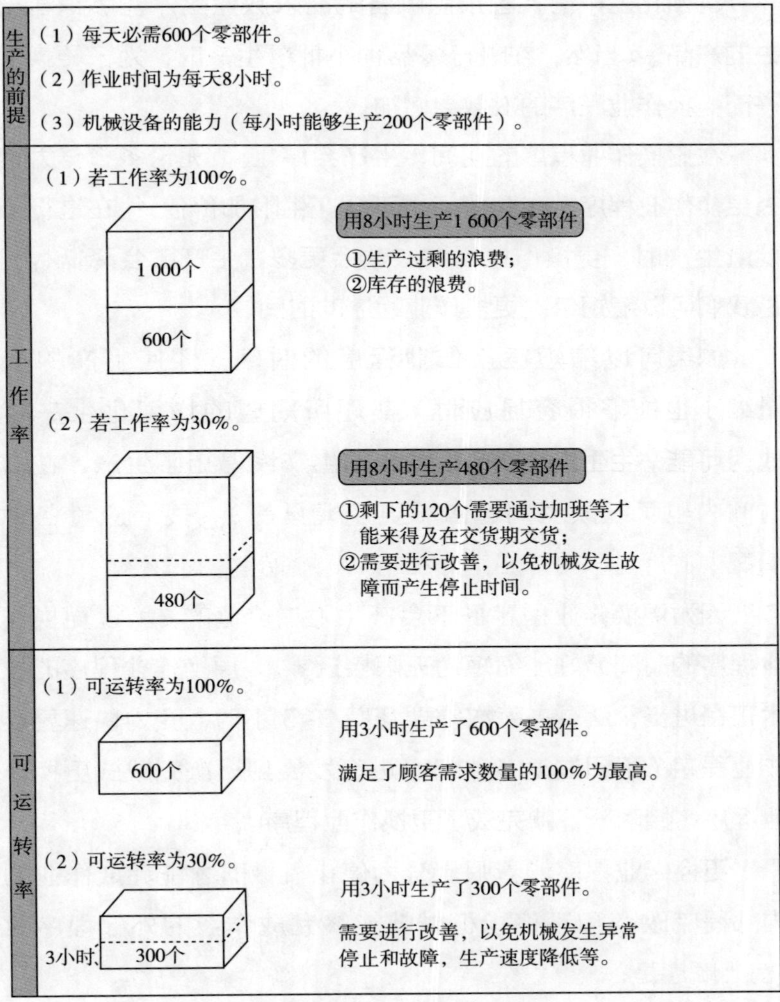

图 3-9　工作率和可运转率

12　缩短更换作业程序时间的着眼点

均衡化生产时，应按照顾客的需求数量生产能够销售出去的产品。当然，在进行多品种小批量生产时，为了转换生产而更换作业程序的次数会增加。

在更换作业程序的期间，生产会停止。无论多么努力地去更换作业程序，在此期间也不会产生附加价值。在进行小批量生产时，更换作业程序次数会更多，生产率会降低，但是我们可以缩短每次更换作业程序的时间。

如果可以缩短更换作业程序的时间，即使生产的批量缩小也能够很容易应付，实现所期望的均衡化生产将成为可能。通过自动化，即使是生产线停止了生产，在短时间内也可以改善问题点（更换模具等），灵活应付各种情况。

因为更换作业程序是不会产生附加价值的，所以更换作业程序的时间最好能缩短为无限接近零。更换作业程序的技术正在进步，从过去每次需要花费 2~3 小时，变为快速更换作业程序（不超过 10 分钟），进而发展到一次完成式更换作业程序（接触一下就完成了更换作业程序）。

更换作业程序的着眼点分为停止机械时才能完成作业的内部程序改变和不停止机械就能够完成作业的外部程序改变。顺序是：

①把作业分为内部程序改变和外部程序改变；

②内部程序改变尽可能地在外部程序改变时操作。

可以进行如图 3-10 所示的各种改善。改善更换作业程序的技术正在进步，所以按照相关步骤就可以缩短更换作业程序的时间。

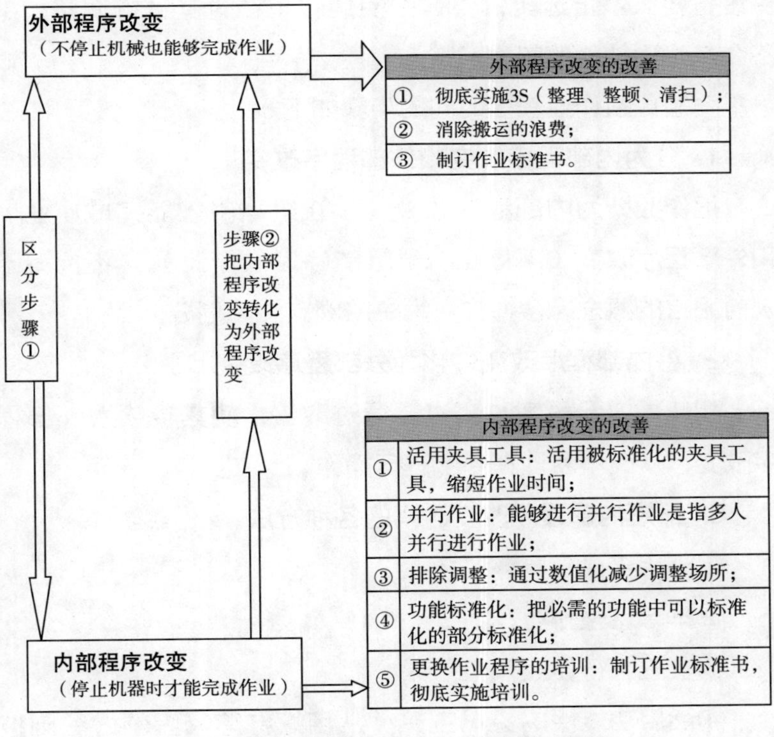

图 3-10 缩短更换作业程序时间的基本思路

13 缩短更换作业程序时间的步骤

更换作业程序时间是指现在正在生产的产品完成之后，到下次产品的合格品开始产出之前的时间。这段时间中，机械设备要么停止运转，要么即使运转也在对其进行调整，是不会产生附加价值的生产。

缩短更换作业程序时间的步骤如下。

1. 分为内部程序改变和外部程序改变

把作业分为内部程序改变（停止机器时才能完成作业）和外部程序改变（不停止机器就能够完成作业）。不拘泥于以前固定的概念，舍掉先入为主的观点加以划分。

2. 将内部程序改变转化为外部程序改变

即使是内部程序改变也要通过改善，使其转化为外部程序改变，从而不断地在外部进行操作。

3. 缩短内部程序改变时间的各种方法

①活用夹具工具；

②排除调整作业；

③实施并行作业；

④活用功能性的夹具工具（从用螺钉等紧固的方法到扳手等夹具工具）；

⑤功能标准化；

⑥活用 IE 手法（通过进行动作分析等细微分析寻找浪费）。

4. 改善外部程序改变作业

①排除找东西的时间（彻底实施 3S）；

②把使用频率高的工具放在附近；

③制订作业标准书（包含给模具、零部件等贴上条码）。

5. 实施有关更换作业程序的培训

通过实践，经常进行培训和改善活动很重要。

1. 分为内部程序改变和外部程序改变

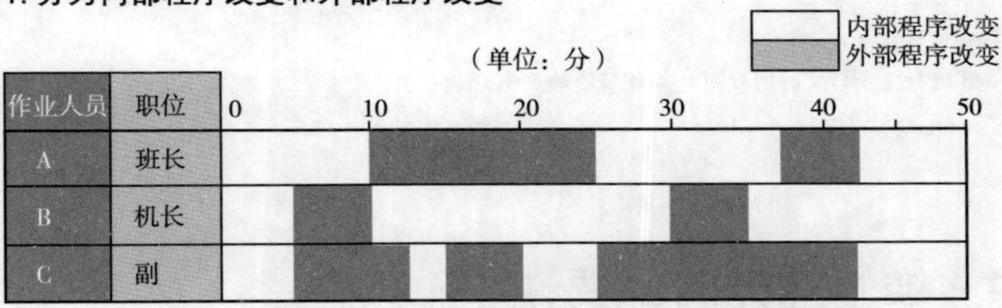

①外部程序改变例子（模具和夹具工具等并不是在更换程序作业开始后去取，而是事先准备好放在附近）；

②把外部程序改变的作业在外部操作时，B的作业将成为瓶颈（问题）工序。

图 3-11 内部程序改变和外部程序改变

2. 排除调整作业

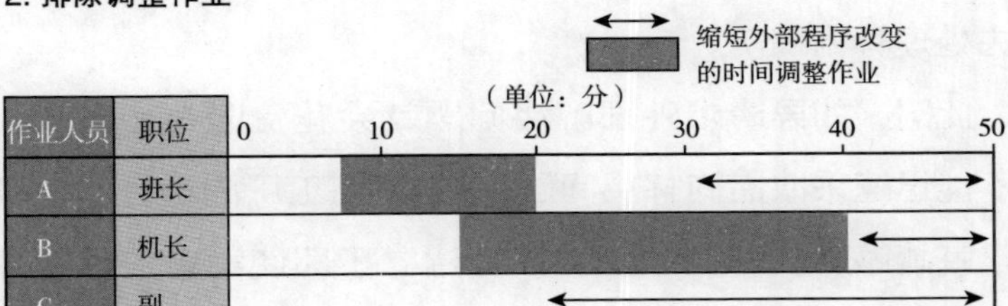

从B的作业开始实施数值化。引进辅助夹具工具，减少调整地方。

图 3-12 排除调整作业

3. 并行作业化

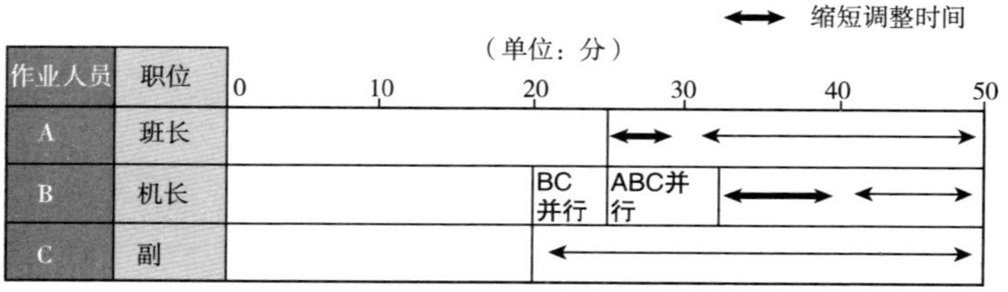

A、C帮助B完成瓶颈工序的作业。

图 3-13　并行作业化

4. 进行各种改善

①活用辅助夹具工具；

②功能标准化；

③进行IE分析（时间分析、工作经济的原则分析等）。

14　维修保养的重要性

利用丰田生产方式的自动化，在设备发生故障时，感知到异常状况的设备会通过指示灯等警报装置发出警报，然后根据现场判断停止生产线作业。 因为生产停止，所以必须立即去处理异常情况。

此时，如果请求外部解决问题就会花费时间和费用，并且不能迅速采取措施解决问题。 丰田在工厂内进行了培训，自己就能够解决异常状况；并且建立了即使设备发生故障，也能在短时间内恢复原状的体制。

但是，如果设备经常发生故障和异常停止，生产就不能顺利进行。 要实现自动化，就需要生产线停止使用效率很低的设备。 因此，设备的维修保养非常重要。

所谓维修保养（maintenance），是指为了维持设备性能的活动，如对机械的检查、加油、保养、调整等。 在维修保养中，包含自主保养、事后保养、预防保养、改良保养等。

设备的维修保养一般都由设备维修负责人来实施。 在设备发生故障之前，都会发出异常的声音和振动等。 要培训平常与机械设备接触的作业人员，善于抓住这些迹象，基于“自己的机械设备自己来维护”这一想法，对机械设备进行清扫、加油、日常检查等自主保养，这对于成功实施自动化是非常重要的。

维修保养的重要性在许多企业都被认可，已经发展成了 TPM（全员参加的设备维护活动）。

表 3-5　维修保养的种类

维修保养	内容
事后保养	· 指设备发生故障后进行修理 · 设备发生故障后，修理时间过长，其间的生产效率就会降低 · 在故障发生前后的产品质量低下，有时会造成交货期迟延
预防保养	· 指设备发生故障前，早期发现异常状况进行修理 · 包含日常检查和定期维护等，有望进行自主保养和改善
改良保养	· 发生了故障时进行改善，以免再次发生故障，或对设备进行改良使保养和修理变得简单 · 需要建立起在设备发生故障时作业人员能够把握真正的信息的体制

（续表）

维修保养	内容
事前预防	・在计划购入新设备的时候，要考虑故障少、持久耐用、容易保养的设备 ・需要建立起在设备发生故障时，作业人员能够把真正的信息传达给设计人员的体制
TPM（全员参加的设备维护活动）	・要想改善人员和设备的体制，就要改善企业体制 ・以前设备发生故障的时候都是交给设备维修人员修理，但是现在要建立起“自己的设备自己来维护”这样一种观念 ・当然，操作设备的人（operator）也必须掌握设备保养的技术 ・拥有“设备是自己的设备”这一意识，包含对设备进行自主保养、5S 管理、微小改善等维护保养 ・因为把设备维护的活动扩展到了作业人员，所以也可以叫做“人员体制改善” 注：TPM 即 total productive maintenance。

15 安全优先于一切

在自动化的前提条件中，还要确保安全，要有“安全优先于一切”的基本思想。

有人认为，强化安全生产会阻碍生产率的提高和产品质量的改善。这一观点是非常错误的。**丰田认为：“只有注重人，才会产生应有的好结果。”**不考虑安全性就提高生产率是不可能的。

人在进行清扫作业时，如果机器设备正在运转，清扫的工具、工作服的边角有可能会被卷入机器的滚筒里；也有人在机器运转的过程中用布擦拭机器表面，结果不小心把布滑落，慌乱中想把布取回来却被卷入机器里。通常小心谨慎就可以避免此类事故的发生，但是如果在慌乱的状态下，手在瞬间稍微动一下，就会发生事故。

在这种情况下，就要制订规则，如“在机器运转的过程中不准清扫机器”、“在机器运转的过程中不准把手伸进机器里”，并且要对员工实施培训。人如果能够认清灾害发生的原因，养成遵守规定的习惯，就能够避免灾害。

在实施了“自动化”的场合，当发生异常的时候，人如果慌慌张张地采取行动，就有被卷入机器的危险。但是因为“自动化”安装了自动停止装置，所以如果检测到异常状况时，机器就会自动停止。

因为把工作都交给了机器，所以人没有必要进行监视，危险就会减少。这样看来，自动化的自动停止不仅与迅速采取行动解决问题直接相关，而且对于安全生产有很大的作用。

表 3-6　安全的着眼点

项目	内容
①哪怕是小事故也不要忽视，要查出其原因，将其彻底清除	・海因里希的事故因果法则即“1　:29　:300 法则”（一起重大事故前有 29 起小事故发生；29 起小事故前面有 300 个隐患存在） ⇒发现了事故的原因，哪怕是轻微的事故也不要放任不管，要采取相应的解决问题的措施
②养成在事故发生前进行改善的习惯	・也包括轻微的事故，不要认为“这并不是什么大不了的事”，发现了就提前改善
③建立消除小错误的体制	・绝不能因为疏忽大意而发生事故。 ⇒在危险处贴上“危险”标志的标签，安装“在机器运转过程中手不能伸进危险处”的安全装置
④时时拥有细心作业的意识	・需要养成用手指示称呼的意识，同时在早会等会议上不断提醒要时时刻刻留意危险。
⑤提高技能，进行标准化作业	・注意力和意识是有界限的。 ⇒因为经验不足、技术能力不足而引发事故，需要向有经验的人（知道安全有效作业的方法）学习技术能力 ⇒制订改善动作的 3MU［muri（超负荷的人员或设备）、muda（浪费）、mura（不均衡）］的作业标准书，提高技术能力
⑥不要把疲劳带进工作中	・休息日产生了疲劳，在休息日结束后，不要带着疲劳去工作，注意身体状况的调节
⑦重视团队合作精神	・要教育那些认为只要自己好就行的人，为了工作场所的安全需要互相合作
⑧养成遵守规定的习惯	・事故和灾害大多数都是因为不遵守规定而发生的 ⇒为了使事故不再发生，必须对员工进行彻底的培训，要求他们遵守相关规定

专栏4

如何考虑营业的“自动化”

所谓“自动化”就是在机械上安装能够判断异常状况的装置，即一旦发生异常状况，机械设备就自动停止的机械结构。这意味着能够停止生产线，迅速当场解决问题。可以找出真正的原因并迅速采取措施、解决问题，这与“产品质量是在工序中打造出来的”思想一致，能够确保产品质量。

在销售的时候，对于顾客的索赔要做到当场解决问题，那么该怎样做才好呢？需要采取如下对应措施：

①迅速赶往索赔现场；

②亲眼确认索赔产品；

③仔细观察索赔发生的具体原因；

④经常听取顾客和消费者的意见。

笔者认为，最好与生产的现场主义保持一样的想法。

在生产现场，既要对作业人员实施即使停止生产线也能马上让生产恢复的技能培训，又要建立一定的救援体制。对于营业负责人来说，要对其进行对应的教育训练，让其迅速赶往发生索赔的现场采取措施解决。但是只是单纯听取意见，是不能满足顾客需求的。

如果建立了救援体制，即使营业负责人不能把握问题发生的真正原因，也能从得到的信息中找到真正的原因和对策。

比如，机器设备突然发生故障，在30分钟内维修人员拿着零部件赶到现场，在一个小时内就修理好故障，机器设备又开始正常运转，如果营业人员把这些告诉顾客，那么和顾客的信赖关系就能够更加牢固。

为了使收到信息的支援小组迅速采取行动，需要能够瞬间输出可以处理索赔的信息且被细分化的数据系统和数据量。

第4章 改善

· 人类的智慧是无限的。

——张富士夫

丰田汽车社长　平成十一年~平成十七年

(1999~2005年)

1 改善建立在尊重人的基础上

所谓改善就是指动脑筋想办法，改变传统的做法，发现浪费、提高生产率和降低成本等一系列活动。

丰田最优秀的地方就是五十多年来，全公司上下都很注重人的培养，让员工养成热衷于思考问题、解决问题的习惯，并且作为组织，建立起了能够将这些想法都活用到生产现场的体制。

就像通过锻炼身体，肌肉就会发达一样，对头脑进行训练，智慧就会增长。在经济高度成长时期和泡沫经济时期，大多数企业都是以设备的投资为中心，而对人的培训较为忽视。

而此时的丰田，坚持以人为中心的观念没有改变，为了提高生产率和作业效率，建立起了新的工厂体制，即把发现浪费、动脑筋想办法去进行改善当做最重要的课题。

这种观念如图 4-1 所示，从丰田历任决策者的话中就能明白，并且一直延续到现在。

张富士夫［丰田汽车社长（平成十一年~平成十七年）（1999~2005 年）］说："我认为'培养人'的关键就是价值观的传承，即向后辈传达看问题的方法，在现场看见实物最有利于后辈理解，这是很重要的。我还认为坦率地去看待问题、理解问题，关系到个人的成长。"

笔者认为，这句话很好地表述了丰田注重人员培养的观念。丰田生产方式的两大支柱（准时化和自动化）就是在培养人员之后才可能实施的。

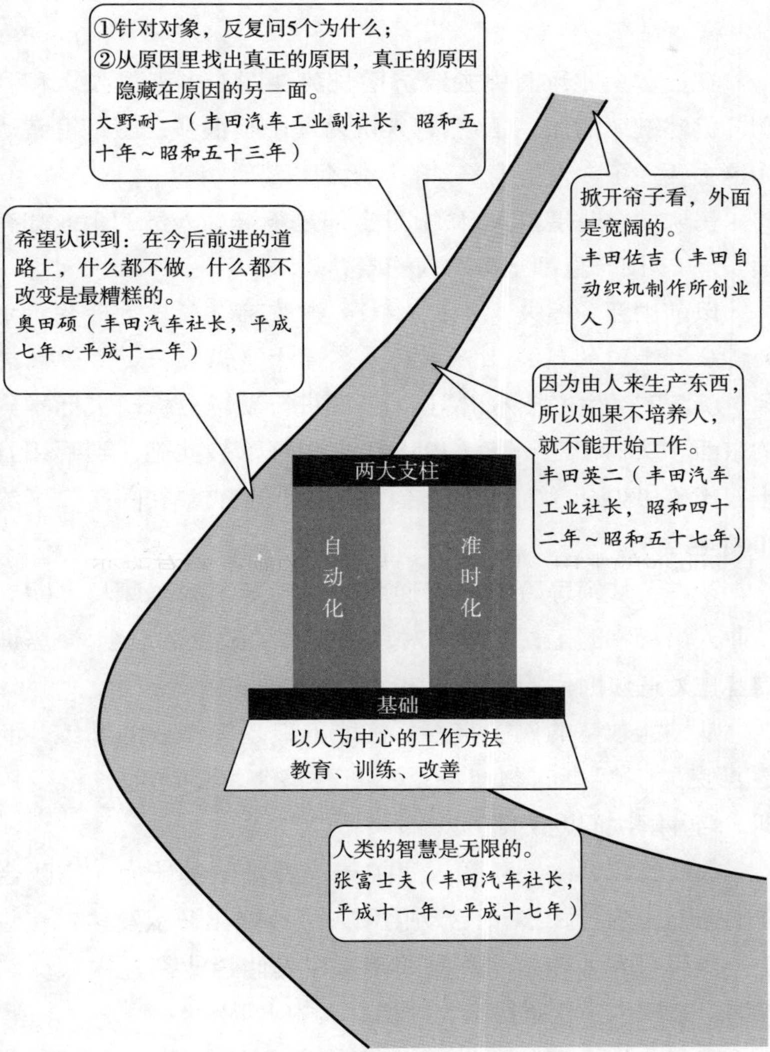

图 4-1　改善的基本点在于人员培养

2　为什么只有丰田能够独占鳌头

在日本企业暂时失去经济增长势头时，丰田的收入和利润却仍然继续增加。 虽然有人认为理由有很多，但是笔者认为这主要在于“人员培养”的环境很卓越。

虽说“企业是由人组成的”，但是不培养人员的企业却有很多。 丰田一直都坚持对人的培养。

以前由新乡重夫（日本工程师，曾在品质管理方面作出重大贡献。丰田的精益生产系统是其重大成就之一。——编者注）所著的《生产技术讲习》（长期进行现场分析研究而学到的东西）从昭和三十年（1955 年）起开始被实施，到昭和五十五年（1980 年）7 月，已经被实施了 78 次，其间接收了约 3000 名学员。

现在，从领导阶层到普通职员，甚至于派遣职员、期间从业人员和临时工，丰田都对其进行有关改善的培训。 培训内容也为适应时代的激变形势而不断被改进。

从技能教育的例子来看，技能不只是指作业的熟练，而是要使员工拥有问题意识，不断改善工序的作业，接受培训，培养解决问题的能力。

在技能培训中，还融入了关于培养部下的能力、团队合作的能力等内容。 无论自动化和人工智能化多么发达，有些工作也只有人才能做，因而即使是在其他企业都轻视人员培养时，丰田也一直坚持全力“提高人的水平”。

笔者认为，这一思想不仅仅体现在技能工的实际作业中，而且在“培育部下的能力”等技能培养中也一脉相承，是丰田强大的根本原因。

1. 技能工培训

①实际作业能力（作业熟练等）；

②改善工序作业等解决问题的能力；

③培养部下的能力；

④关于团队合作的能力。

彻底贯穿无论自动化多么先进，技能工也是依靠其技能而生存这一观点。

2. 解决问题的能力

表 4-1　印刷公司事例

发生问题（在印刷时混入异物）	处理方法	作业人员的技能
尽可能地活用全部经验，迅速恢复到可以印刷的状态 ①处理混入异物的产品（包含检查在发现有异物混入以前的印刷产品） ②对印刷机的周围和人的服装进行 3S 管理 ③研究制造条件，如油墨等，使印刷恢复正常	应急处理，通过微调整使印刷恢复正常	①印刷技术 ②发现不合格产品的原因 ③清除不合格产品的能力 ④迅速恢复印刷的能力，找出混入异物的原因，进行改善
①不仅要依靠经验，还要通过放大镜等分析产品中混入的异物的内容 ②通过放大镜还不能明确异物的内容时，用分析仪器去分析现物（混入异物的产品） ③假如异物为纤维碎屑的场合，调查纤维碎屑是从哪里混入的，根据混入原因采取措施	找出混入异物的原因，根据原因进行处理	①解决问题的能力 ②改善能力 ③作业标准化能力

3　通过“可视化”共享信息

一眼就能明白工作进展到哪步，现在正在做什么，下一步应该做什么，这就是“可视化”，“日程计划表”颇具代表性。

在丰田，坚持“可视化”的观点，运用“看板”传达生产信息的传达方式是很有名的。另外，丰田还创造出了能够清楚个人能力的“星形表”、能够通知在生产过程中发生了异常的“指示灯”等。

因为有很多日本人想自己独享信息，所以不能看见其他人的活动，因此产生了浪费。“可视化”与“视觉管理”同义，可以实现信息的共享，所以组织活动容易展开，而且关系到生产效率和工厂道德水平的提高，有利于消除浪费。

最近，取得了 ISO9001 认证的企业越来越多，信息共享也逐渐渗透到日本。不过，丰田很早就开始了独特的可视化管理。

图 4-2 是笔者在某个企业使用的图表。对于减少不合格产品的目标值（2%），好的用白框（下侧），坏的用淡墨色（上侧）的柱形表示。因为是 3 班 3 人轮流倒班制，所以将每班的不合格产品和整体的不合格产品分开表示。

并且，通过折线表示累积值，单位都是用金额表示。通过此表，就能明白各班为目标值做出了多大的贡献。如果认为以前全班的不合格率在 2%以上，就会产生将其做成图表的意识。

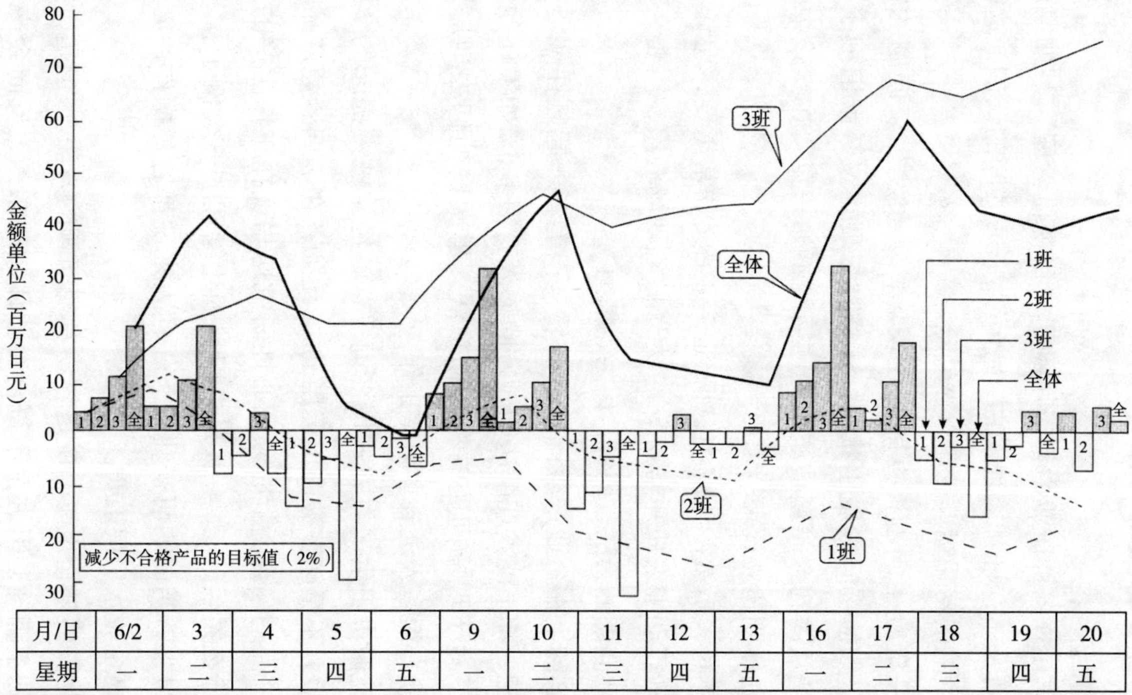

图4-2 减少不合格产品的目标推移表

4 通过“目视化管理”共同认识作业

丰田在各种作业中都运用到了“目视化管理”。如果用眼睛看一下，谁都容易明白，就可以形成共同的认识，这样作业中的浪费和错误就可以被消除。

一旦发生问题，立即赶往现场，观察发生了问题的东西，仔细检查问题发生状况，这样“三现主义”就植根了。这是把从古到今一直被流传的“百闻不如一见”在实践中作为企业体制建立起来的思想。

不过，虽然在头脑中意识到三现主义非常重要，可让其具体到行动中去却并非易事。为了做到现场观察，需要在现场看待问题的看法、思维、体力、精力。

实际上在企业产生问题的时候，和笔者一起赶往现场观察状况、却不能发现解决问题方向的人有很多。如果让他们说一下对于现场问题的看法和想法，再次请他们去现场观察，就有很多人逃到了科室工作。

就像丰田生产方式的代名词一样，经常被人提起的“看板”也并不是能够被简单运用的。比如，在需要紧急产品和额外产品的场合，就必须细心地研究这与现在正在生产的产品是什么关系。表 4-2 是丰田目视化管理的一个例子。一眼看过去就明白的可视化对于任何人来说都容易操作，这对于提高企业水平很重要。

生产线停止也可以说是容易发现问题的方法。但是，如果目的不明确，引进了不符合企业体制的东西，反而会产生混乱，这一点必须注意。

表 4–2 目视化管理

NO.	项目	具体事例和说明
1	现场主义（三现主义）	现场、现物、现实
2	看板内容不一致	管理作业进展状况，活用适当的看板
3	异常警报装置	指示灯、报警器、警报灯
4	5S	放置场所管理、通道的区划线、危险标记、符合夹具工具形状，有利于养成用眼观察的意识
5	进展状况	确认看现场的什么东西就能明白生产紧张状况、各道工序的看板和现货量、库存状况、生产管理牌、日程计划表
6	生产管理牌	生产进展状况、生产计划和生产实绩及其差异、产品品种、处理特别紧急产品和额外产品的对策、机械设备的运转情况
7	生产指标	生产量、产品合格率、生产率、工作率、可运转率、更换作业程序的时间、不合格率、合格品率、不合格产品件数、返修不合格率、异常停止
8	问题点及其解决对策、改善状况	改善提案报告书（问题点、现状分析、原因、改善方案），有利于提高现场人对问题点的关心度，提高解决问题的意识
9	标准作业的迟滞	不能按照标准作业开展作业时、在输送带传送机上画线的间隔内不会产出产品时
10	发生异常时的设备和生产线的自动停止	预防错误、感应器、超过周期时间时的生产线自动停止、定位停止
11	识别产品	检查前、检查过程中；合格产品、不合格产品（红色的盒子）
12	吸收不一致	指定席、自由席

5　目视化管理的具体事例

“目视化管理”是指迅速把握在生产过程中发生的问题，谁都能够轻易地改善管理。下面就其中的主要用语做一下解释。

1. 生产管理牌

看一眼就能明白生产状况相对于计划是推前了还是滞后了。用计划生产数量（用周期时间除以生产时间段的时间）及其与实际生产数量的差等来表示。

2. 指示灯

让管理监督人员能够明白在生产过程中发生了什么样的异常，包括警报指示灯、异常指示灯、运转指示灯等（参照图4-3）。

3. 定位停止方式和即时停止方式

所谓定位停止方式是指作业人员感觉到异常时马上联系相关人员，总是让生产线在相同的位置停止。到停止之前还有一段时间，有时候在监督人员的帮助下，也可以不停止生产线。

即时停止方式是指原则上尽可能地不停止生产线，但是一旦发生问题，生产线就立即停止。

4. 指定席和自由席

指定席是指在悬挂牌上涂上印记，把产品放入悬挂牌所指定的地方。

自由席是指在生产中产生不一致的产品时，为了吸收不一致的产品，可以放上某东西。

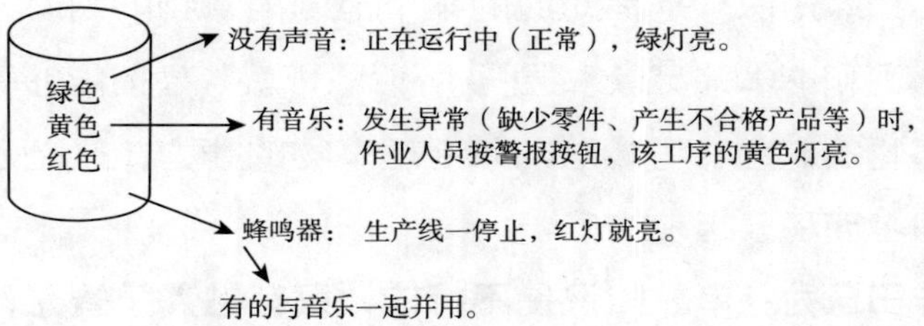

图 4-3 明确异常原因的指示灯

指示灯可以明确异常原因（缺少零件、产生不合格产品、异常停止、正在更换作业程序等）。

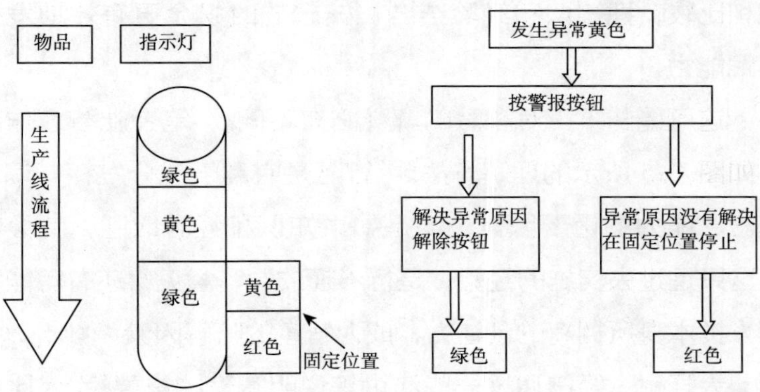

图 4-4 定位停止方式

6　光靠知识不行，还需要智慧

所谓“知识”是指知道的某个范围内事物的内容，通过在校学习和书本等可以掌握。所谓“智慧”是指能够很好地明白事物的道理、巧妙地判断处理事物的能力，这是通过经验和思考而积累起来的。

丰田认为：单靠知识是不行的，只有融入了智慧，企业才具备在竞争中取胜的能力。

与此相同的想法，在实践经营学中有“KAE 原则”。K 就是知识（knowledge），A 就是能力（ability），E 就是经验（experience）。它认为：与只有知识和经验中某一方面的情况相比较，把知识和经验结合在一起的时候会更有效地发挥实践能力。

这可能与丰田对智慧的解释略有不同。笔者就智慧作出了如图 4-5 所示的理解方法。智慧是有利于充分发挥知识、经验、能力的重要因素，但是如果知识和经验取胜，就会有“这只是过去实施的经验，是行不通的”等意见，还有可能抑制人类本身所拥有的创造力，成为智慧的阻碍因素。

大野耐一经常通过一些演讲等说明智慧的重要性。比如他所讲过的“改善是智慧的结晶”、“越是困难就越能产生智慧”、“只有具有比其他公司或同业者不同的智慧才能在竞争中取胜”等。在丰田，彻底推行知识培训，并且为了更有效地利用知识，通过各种改善活动，建立起了能够最大限度地发挥智慧的体制。就像锻炼身体就会产生肌肉一样，如果养成思考问题的习惯，智慧就会不断成长。

1. 实践经营学的KAE原则

K：知识（knowledge）+E：经验（experience）=A：能力（ability）

2. 改善是智慧的结晶

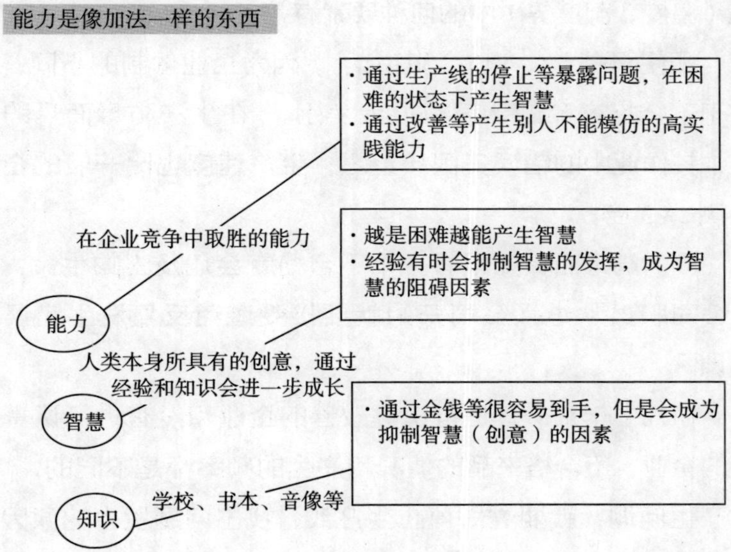

图 4-5　笔者对智慧的理解

7 虽然明白不合格产品是一种浪费，但是却不能改善的原因

虽说会产生不合格产品（不合格产品、不良品），但是有时候不明白其原因与4M（人、方法、机器设备、原材料）+环境（温度、湿度等）中的何种要素有关。

即使明白了，人也会犯错误。因为企业体制的不同，人对于不合格产品的认识有很大差别。在生产防毒面具的企业，其作业中的错误无限接近零，生产速度也比一般的企业要快2~3倍。

因为防毒面具如果有一个不合格就会危及人的生命，所以公司职员从进入公司开始就要接受避免反复发生错误的培训。

在几十年来一直进行认真改善的企业和没有进行认真改善的企业，不合格产品的情况和产生的频率都是不同的。一旦产生问题，就要立即停止生产线，找出问题发生的原因，这是一种正确的思考方式。笔者呼吁“通过现场观察方法消除不合格产品”这一原则，并且三十多年以来一直坚持实施这一原则。

但是，在没有改善风气的企业，即使教同样的事情，也要花好几倍的时间才能够实际做到改善并取得相应的成果。

并且，在发生不合格产品时，即使去了现场，也未必能够发现细微缺陷和慢性不良情况产生的原因。

要想消除生产不合格产品而形成的浪费，就需要从平时开始持续进行改善活动。并且，可以让这些活动与 ISO9001 等质量管理体系融合在一起。

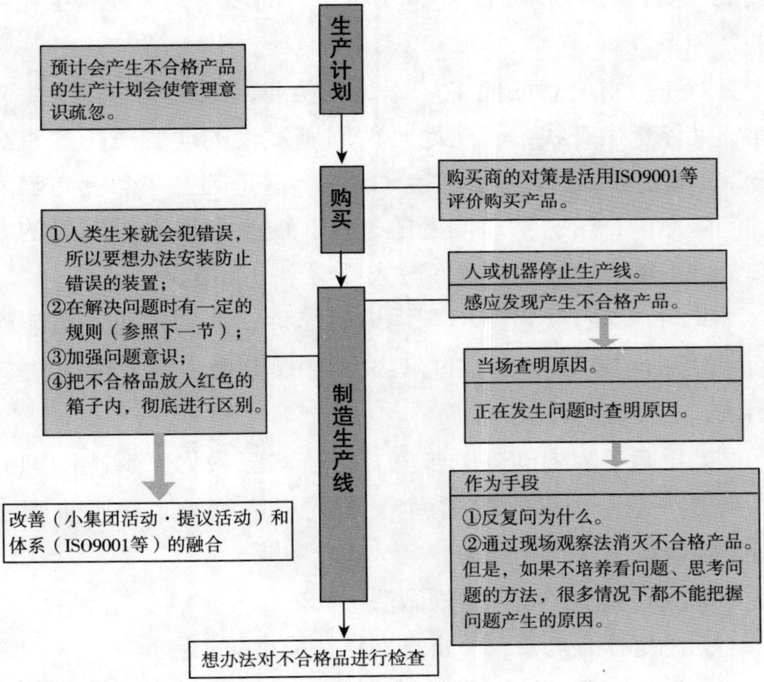

图 4-6　持续实施改善活动

8 探讨解决问题的常规做法

丰田解决问题的根本思想就是三现主义（也叫现场主义），以此思想为基础，经过长年累月的发展，建立起了完善的工程系统。

对于没有建立如此工厂体制的企业，虽说“一旦发生问题，就停止生产线，迅速地赶往问题发生的现场进行改善活动”，但是很多时候容易产生混乱。这是因为虽然拥有强烈的问题意识，苦苦钻研问题的起因，但是如果没有明确的方向，就不能解决问题，大多数人都会半途而废。

此时，笔者就坚持不懈地进行培训，直到作业人员能够活用以三现主义为中心的解决问题的步骤（图 4-7）进行阐述。

如果有了解决问题的步骤，对于实际致力于解决问题的人来说将是一个很好的指南。不需要去烦恼，按照步骤进行，就可以防止半途而废。

解决问题的步骤（常规做法）如下：

①问题作为现象，会出现在现场和现物上；

②把握现象，按照查明原因→对策→处理→效果的步骤解决问题；

③对于有效的成果，不能使其恢复到原样，考虑维持效果的方法；

④对于无效的方法，要按照处理→对策→查明原因的顺序，倒过来一步一步地研究。

迅速地实施所有的步骤是非常重要的。

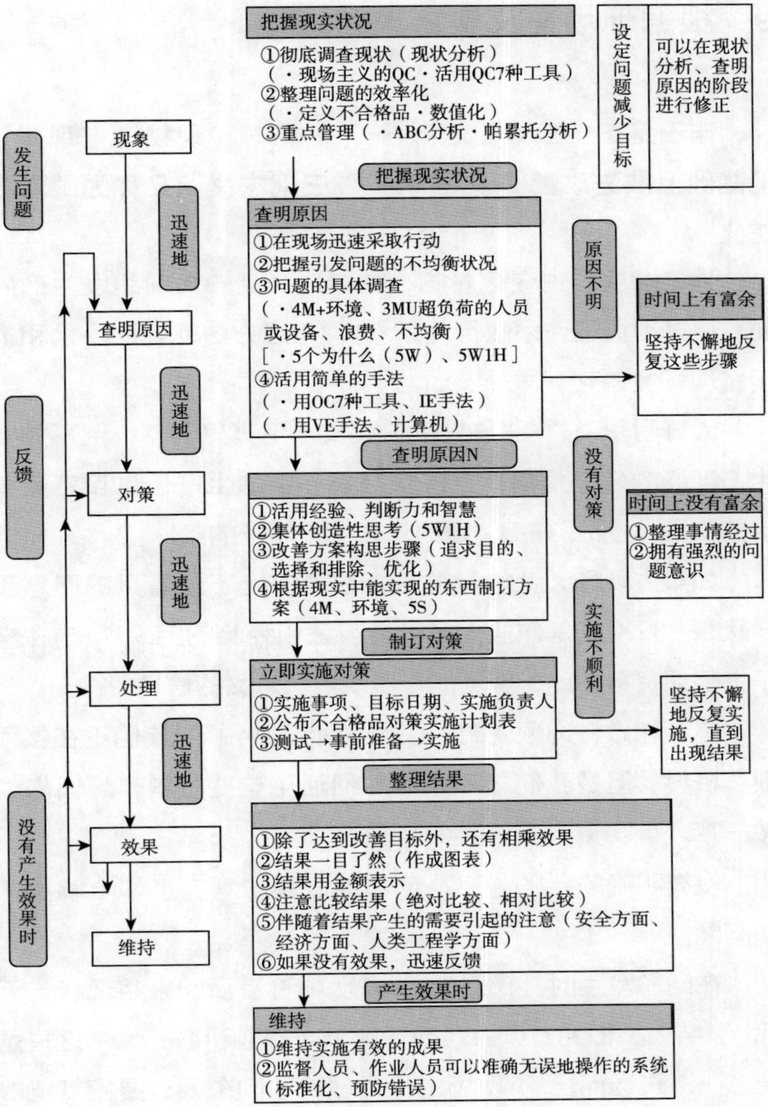
把握现实状况
①彻底调查现状（现状分析）
（・现场主义的QC・活用QC7种工具）
②整理问题的效率化
（・定义不合格品・数值化）
③重点管理（・ABC分析・帕累托分析）
设定问题减少目标
可以在现状分析、查明原因的阶段进行修正
发生问题
现象
迅速地
查明原因
把握现实状况
查明原因
①在现场迅速采取行动
②把握引发问题的不均衡状况
③问题的具体调查
（・4M+环境、3MU超负荷的人员或设备、浪费、不均衡）
［・5个为什么（5W）、5W1H］
④活用简单的手法
（・用OC7种工具、IE手法）
（・用VE手法、计算机）
原因不明
时间上有富余
坚持不懈地反复这些步骤
反馈
对策
查明原因N
①活用经验、判断力和智慧
②集体创造性思考（5W1H）
③改善方案构思步骤（追求目的、选择和排除、优化）
④根据现实中能实现的东西制订方案（4M、环境、5S）
没有对策
时间上没有富余
①整理事情经过
②拥有强烈的问题意识
制订对策
处理
立即实施对策
①实施事项、目标日期、实施负责人
②公布不合格品对策实施计划表
③测试→事前准备→实施
实施不顺利
坚持不懈地反复实施，直到出现结果
整理结果
没有产生效果时
效果
①除了达到改善目标外，还有相乘效果
②结果一目了然（作成图表）
③结果用金额表示
④注意比较结果（绝对比较、相对比较）
⑤伴随着结果产生的需要引起的注意（安全方面、经济方面、人类工程学方面）
⑥如果没有效果，迅速反馈
产生效果时
维持
维持
①维持实施有效的成果
②监督人员、作业人员可以准确无误地操作的系统（标准化、预防错误）

图 4-7　解决问题的步骤

9 根据现场主义实施改善

丰田是在“三现主义”——“现场”、“现物”、“现实”的基础上推进改善的。我们把“三现主义”又称为“现场主义”。

为了解决时刻变化着的、在制造产品的最前线发生的问题，最好现场迅速采取行动。这种考虑方法就好比小偷和扒手在现场被逮到一样。

大野耐一说过：“与其在副社长室里冥思苦想，倒不如到生产现场的各个角落，直接获得第一手的生产信息和感受直接的刺激。那里充满了随时进入生产现场的条件。”

如果去现场，就能看见很多在桌子上不能看见的问题和现状，并且现场是作业人员发挥智慧和经验的宝库。与在桌子上整理资料相比，现场能够获取更有意义的信息。

笔者在做咨询顾问时，很多企业反映说：“我们正在整理很多资料，但是我们却不知道如何活用这些资料，想向您请教一下。”

没有明确的目的，只是茫然地收集资料，基本上解决不了问题。

在问题发生时，我们说：“去现场看看后回来将现状告诉我。”结果，相关人员去现场不到10分钟就回来了。这只是走了一下过场而已。现场主义是理论性的东西，要使其能够直接与成果挂钩，还必须学习一些常规做法。

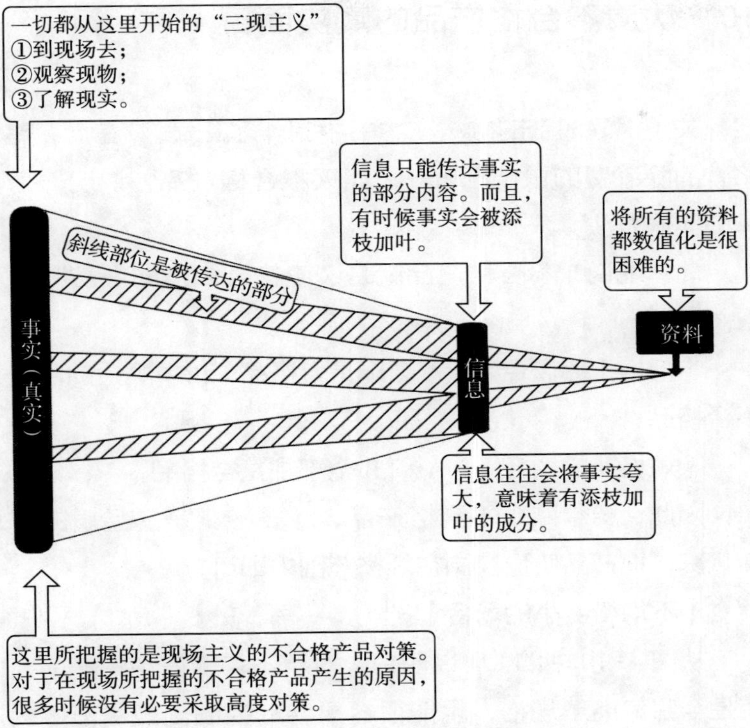

图 4-8　根据现场主义实施改善

关键点　　**MBWA经营**

在美国备受关注的经营手法。这是一种走动式管理（managemet by walking around），经营者到现场走动，了解最前线的真实状况，作为经营的参考。有人认为，这种经营管理方式是受到了日本现场主义的影响而产生的。

10 认清不合格产品的真实面目

关于消除浪费的方法在本书中都作了记载。在此，笔者将就消除浪费的重要部分——消灭不合格产品，说明一下具体的实施方法。

简单地说，不合格产品就是“不符合规格的产品”。请看图 4-9。

［规格Ⅰ的场合］：A 全部是合格品，B 中黑色的部分是不合格品。

［规格Ⅱ的场合］：A 和 B 全部都是合格品。

因此，要想减少不合格产品，就要减少产品品质的不均衡状况，把产品质量控制在规格范围内即可。

［不均衡度小的场合］

从图 4-10 中的Ⅰ可以明白，对于不均衡度小的产品，即使是全部偏离了规格，也能很容易将其控制到规格范围内。在印刷颜色的浓淡不一致时，因为Ⅰ颜色稍微有点淡，所以把整体的颜色涂浓就可以了。

［不均衡度大的场合］

从图 4-10 中的 Ⅱ 可以明白，对于不均衡度大的产品，即使是把整体的颜色涂浓，画网线的部分还是会偏离规格。如果不消除产品的不均衡度，就很难将产品控制在规格范围内。

这里我们将不均衡度小表示为“没有不均衡”，将不均衡度大表示为“有不均衡”。没有不均衡状况的产品可以将其控制在规格范围内，不叫做不合格产品。有不均衡状况的产品不能控制在规格范围内。因此，不合格产品的真实面目就是有不均衡状况。

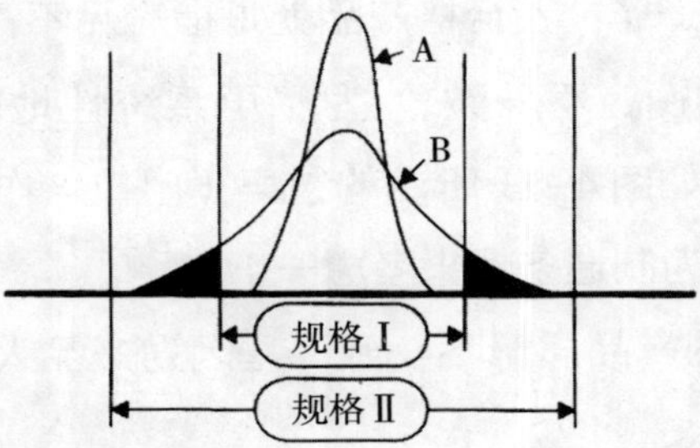

图 4-9 规格和不均衡的关系

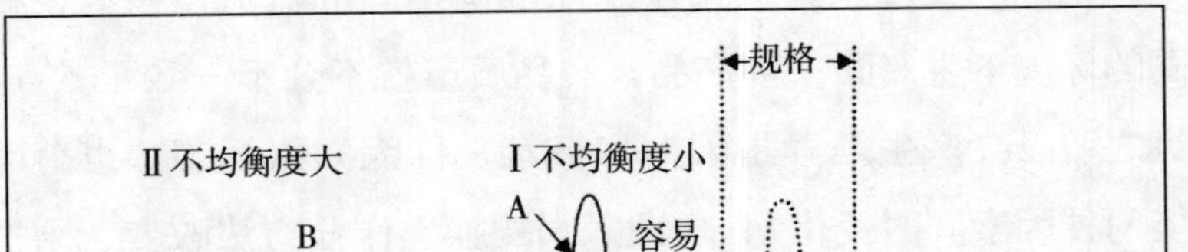

图 4-10 不合格产品和不均衡的关系

11 在现场查找不合格产品产生原因的方法

我们都知道了“不合格产品就是指产品不符合规格”，即产品质量不均衡、不一致。为了更系统性地研究一下此内容，让我们把如图 4-11 所示的结果（出口）作为产品、把原因（入口）作为制造条件来考虑一下。

“出口处的产品质量不一致”是因为产品入口处的“4M+环境”不一致。

相反，按理说如果相同的作业人员以相同的作业方法，利用相同质量的原材料和零部件以及相同的机械设备，在相同的环境下生产同一种产品，产品质量就不会不一致了。产品之所以会产生差异是因为如下某一种因素引起的（也有可能两种因素同时变化）：作业人员更换、作业方法改变、原材料和零部件的质量改变、机械设备的运转状况变化、环境变化。

此时，我们应该针对不合格产品，采取相应对策，认真观察和分析残留在现场的证据（不合格产品），追踪探查入口处的哪种因素发生了变化。证明产品不一致的证据不仅包括不合格产品，还需要合格产品。通过比较不合格产品和合格产品，才能知道两者之间的差异，查找出入口处因素不一致的地方。

因为入口处是原因，出口处是结果，所以把查找这两者之间的关系叫做“查找因果关系”。仔细分析合格产品范围，就会发现有些产品与所规定的规格不一致。现场观察是在反复的作业中进行的，要灵活运用现场观察，必须进行查找良好和恶劣状况差异的相关培训。

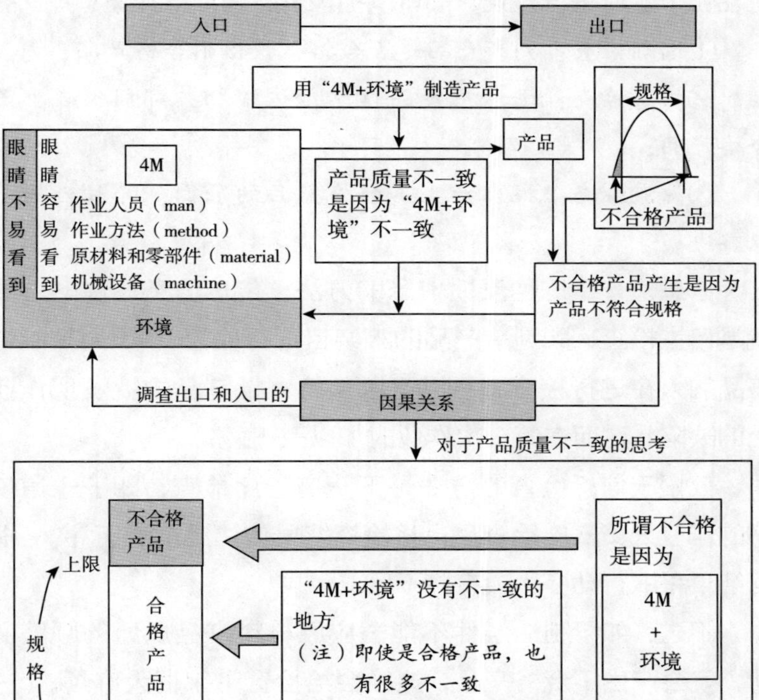

图 4-11 产生不合格产品的因果关系

12 排除检查的浪费

如果不产生不合格产品，就不需要进行检查。但是，无论在哪个企业进行检查，都可以把检查分为以下几类：

①选别检查：判断产品是否合格，找出不合格产品；

②信息检查：迅速把产品信息传达给相关部门，减少不合格产品；

③源流检查：找出产生不合格产品的原因，并且当场予以解决。

信息检查是一种反馈信息的方法，传达信息最快的方法就是自主检查，即制造产品的人亲自进行检查。因为是制造产品的人在进行检查，所以可以从第一批产品中就发现作业上的缺陷，进而在第二次作业时加以改正。

仅慢于信息检查的方法是下一道工序检查，即下一道工序的作业人员实施检查后，将检查结果传达给前道工序。根据结果采取行动多少会有些不足。

不过，如果制造条件不能适应原材料产品质量的频繁变动，就会产生不合格产品，这样会给检查带来很大麻烦。这种情况下，就要对原材料产品彻底实施收货检查，切记尽量让原材料产品的质量统一。

像上面这样，就不是通过结果来判断，而是把目标指向原因，抑制在原因阶段产生的错误。这就是"源流检查"。

而且，如果检查场是孤立的小岛（与生产线脱离），就很难实现作业的同期化，从而产生移动、等待的浪费。必须把检查也纳入生产线中，想办法消除浪费。

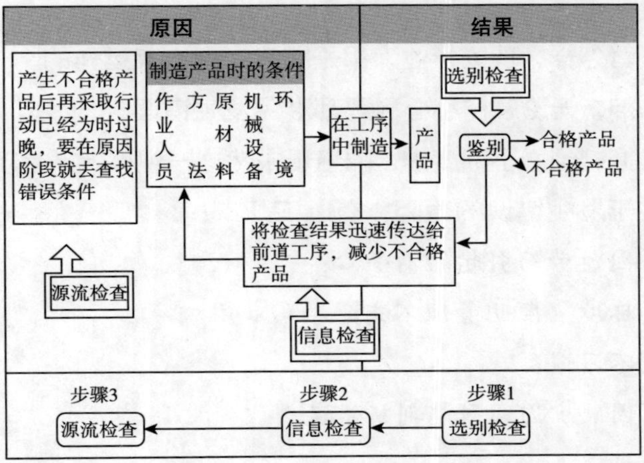

图 4-12 实施检查的着眼点

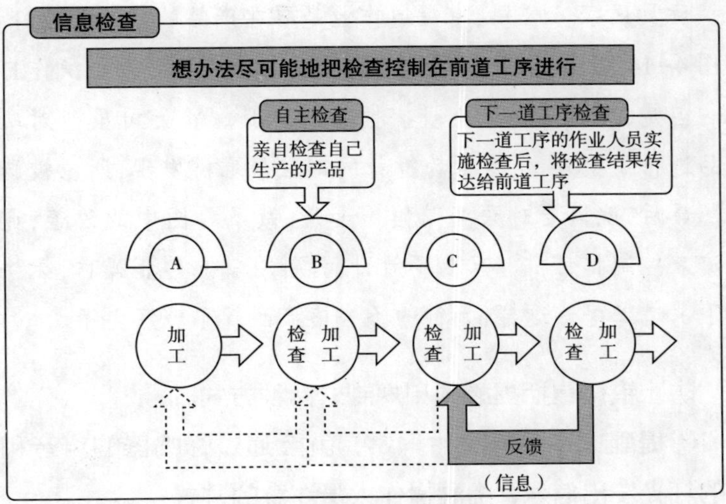

图 4-13 各种检查方法

13　错误产生的原因和防止错误的对策

不管怎样，现场作业大都是以人为中心来运作的。但是，人并非神，无论怎样小心翼翼都难免发生错误。于是，将人为的错误抑制到最小限度内，防患于未然这一观点就产生了。

关于发生错误的原因，有以下几点：

①因疲劳而引起的不小心；

②环境（照明管理不充分等）；

③不习惯；

④因缺少沟通引起判断错误。

防止错误的事例

玩具厂家Y公司，有一道作业是要在产品的某个部位钉针。如图4-14所示，作业人员从夹具上方插入针后，开始操作打针机。但是，有时候会产生没有插针的玩具。Y公司虽然对所有产品进行了检查，但是因为插针的部位很难被发现，所以被疏忽了。最后，就需要对顾客赔偿。于是，做了如图中的改善，通过电流来控制打针机。只要不放针，打针机就会停止操作，无法继续下一道工序。这样，无针的不合格产品就不会产生了。

防止错误包括提醒式和规制式两种方式。

①提醒式：一旦发生异常，就会通过蜂鸣器的声音和红色的灯光发出信号，提醒操作人员注意的方式；

②规制式：一旦发生异常，就会自动停止机械和生产

线，无法继续工作的方式。

表 4-3 错误产生的原因

原因	事例
不小心 ①疲劳 ②生病 ③精神不稳定 ④单纯地反复作业	错误集中产生在周一、周二和一周的最初几日，调查一下，发现工作人员在周六、周日和其他休息日因为尽情游玩而引起过度疲劳，到公司上班后，疲劳还没有完全恢复，因此容易发生错误
环境恶劣 ①照明太暗或过于明亮 ②噪声 ③粉尘 ④高温、湿度太大 ⑤寒冷 ⑥振动 ⑦有气味 ⑧有毒气体	在太暗或太亮的照明灯下进行检查，时间一长，检查的精确度就会下降
不习惯 ①训练不够 ②新人 ③精密作业	作业标准书上规定要在停止机器后进行调整。 新人因为操作慢，所以开着机器进行调整，结果被卷入机器里面
误会 ①交流不够 ②没有操作步骤指南 ③对于误差的认识不够	以电话的形式传达研修的内容，没有接受训练的组织很多时候都会对此产生误解或疑惑，同时会深切认识到没有正确的传达，日常交流不够

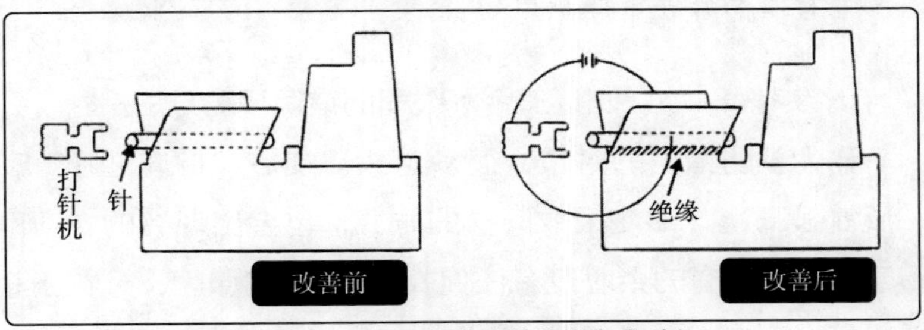

图 4-14 玩具工厂的改善作业方法(例)

14 防止错误的 3 种方法

人是容易犯错误的动物。尤其是在用五官进行的“官能检查”中，可以说一定会产生错误。有些企业一旦发现有人犯错误，就会在早会上宣布“＊＊犯错了，希望今后注意”。

对于感兴趣的东西可以集中注意力，但是在没有耐心的时候，就很难集中注意力。并且，如果脑袋里一直都在为某事担心，也不能将注意力集中到目前的工作上。

要提高注意力，就需要发现对象信息，培养随时调节注意力强弱的能力，创造在真正需要的时候能够集中注意力的环境。

但是，即使如此，只是凭借注意力（提醒式）还是不够的。有必要实施不让错误产生的规制（规制式）。可以将规制式和提醒式进一步划分为以下 3 种探测方式。

①接触式探测；

②定数式探测；

③标准动作异常探测。

请参考表 4-4，制订适合本公司的错误预防方法。

作为预防错误的对策，很多企业都实施“指向称呼”和“反复强调”。即使采取同样的方式，也会出现有的企业取得了成效，而有的企业没有任何收获。究其原因，是在于企业是否对员工实施了彻底的培训。

表 4-4 预防错误的 3 种方式

探测	探测方法概要	事例		
接触式探测	通过探测装置检查产品的形状、尺寸的不同	规制式	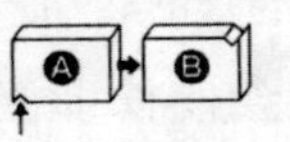（在这部分设置接触棒）	必须要像 A 一样嵌入零件，可是放置成了 B 那样。B 的左下方没有缺口，接触到接触棒后，无法再向下一道工序进展
		提醒式	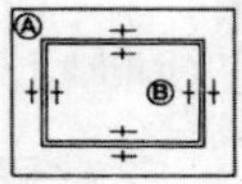	把 B 与 A 合在一起时，是依靠人的判断来接合的，这需要时间调整。一旦合不上，就会频繁产生不合格产品。“+”的位置如果合上了，灯就会亮
定数式探测	在反复操作一定次数的作业时，检测一定次数是过多还是不足	规制式	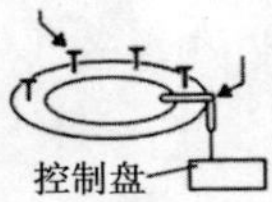	本来必须要拧 5 个螺丝钉，可是有时候却忘记了 1 个。若是汽车零部件，哪怕少拧一个，都会发生问题，此时再补救就比较困难。去检测一下控制盘，少拧一个的话，压板就不能移动
		提醒式		把厚纸板放在切割机上切割，操作 12 000 次，刀片就用完了。当操作到 10 000 次时，蜂鸣器就会响。此时要确认一下，还要切几张后再更换刀具
标准动作异常探测	在规定的作业和动作上发生错误时，检测其异常状况	规制式		在 9 种产品的混合流程作业的组装生产线上，必须安装形状相同但是颜色不同（9 种颜色）的零部件。把下侧带有磁带的指示书插入读取箱内，放置必需的零件，抽屉就会打开
		提醒式	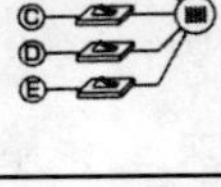	在工作过程中对 A—E 的 5 个项目进行检查，但是忙的时候就会漏掉某个项目。在各项目上设置开关。5 个项目检查全部结束时，警铃就会响起

15　处理异常停止的对策

所谓异常停止是指发生一点问题，作业就会轻易停止的现象。在实施自动化工程时，会使作业受阻，生产线停止，操作人员进行修正就可以恢复作业。

即使不采取什么特别的措施，再次启动机器，生产也会重新开始，所以一般情况下不去查找其原因也能继续生产。再启动机器的是人，所以必须配置应对异常停止的监视人员，这样一来，虽然好不容易实施了自动化，但是却没有实现省人化的目的。

1. 异常停止的特点

①因为经常发生异常停止，所以不能获取准确的资料；

②很多时候都是再次启动机器继续生产，所以不能查找出问题原因，也不能实施防止再次发生异常停止的对策；

③有时候是因为细小的缺陷相互作用而造成了异常停止，这些缺陷难以被人发现；

④很难把握发生问题现场的情况，所以经常是慢性发生。

2. 查找异常停止的原因和处理异常停止的对策

①把握好发生地点，用磁带录像机（VTR）拍摄下来，仔细分析发生异常的机械装置；

②用放大镜放大后仔细分析作业；

③清扫设备和地板，以免产生灰尘和染上脏物；

④努力去查找认为存在着细微缺陷的地方，并加以纠正；

⑤重新看一下运转条件是否正确；

⑥制订有关清扫方法、设备处理方法的作业标准书。

①~⑤的场合，可以通过现象和现物比较一下好的时候和坏的时候的运转状况。

表 4-5 查找异常停止的原因和处理异常停止的对策

查找异常停止的原因和处理异常停止的对策	内容
①明确发生地点，详细分析发生异常停止的机械装置	在发生地点用磁带录像机拍摄机器正常运转时和非正常运转时的运转状况，然后缓慢放送或片断地放送拍摄的状况，找出问题发生的原因
②用放大镜放大作业点，并对其进行详细分析	用放大镜放大看起来一样的作业，就会发现哪里出了一点小故障，或是哪里被挂住了
③清扫设备和地板，以免产生灰尘和脏物	通过清扫设备的功能性部位，就能看到细微之处，并修正缺陷 ①机械装置的螺丝松了，结构部位不结实 ②给机器运转造成障碍的灰尘 ③因为脏物和划痕形成的阻力 ④异常磨损 ⑤不是水平位置，存在着高低不平的差异 ⑥传感器的位置偏离和染上脏物 ⑦压力计等测量仪器破损 ⑧检查和清扫油压、气压、润滑油系统的回路

（续表）

查找异常停止的原因和处理异常停止的对策	内　容
④努力查找认为有轻微缺陷的部分，并对其加以纠正	比如，当由A传输带向B传输带传送零件时，A传输带的一部分因为伤痕而产生了高低不平的差异，B传输带的一部分因为被弄脏阻力加强，在这种状况下，一般不会轻易发生问题。但是，当A和B一致时，零件的传送方向会发生变化，机械就会发生异常停止
⑤重新确认运转条件是否正确	机器运转条件是有一定的标准和容许范围的。忽视标准位置和容许范围，刚好把机器运转条件设定在容许范围的边缘，就会发生异常停止
⑥制订有关清扫方法、设备处理方法的作业标准书	尽量不要因为作业方法和人为因素发生异常停止，不要使发生频率变动。在发生地点比较一下机器正常运转时和非正常运转时的动作差异，将正常运转时的动作制成标准作业书

16　如何明白浪费

在此，笔者想就丰田 7 种浪费的基本思想作如下阐述。

1. 明确目的

虽说要实施清扫，但是如果在迎接客人时、印刷中混入了异物时，清扫的水平会不同。现在的目的就是通过整理某些东西去明白和发现浪费。

2. 排除过于繁复的工作流程

在丰田，因为发现组织过于庞大，在决策时要耗费一定的时间，于是发起了“3 个章运动”。就像在 7 个浪费中最先被研究的是“生产过剩的浪费”一样，“工作过度”也同样是浪费。对于不断膨胀的工作流程，可以参考图 4-15，将其抑制在一个合理的范围内，消除浪费。

3. 把企业当成家庭一样来考虑、行动

即使是在家庭里细心管理水、电、煤气，生怕会浪费的人，在企业有时也会放纵地使用水、电、煤气。对于企业的管理意识应该与对待家庭一样。

4. 细心地分析现状，就能找出原因

不能发现浪费是因为看东西时疏忽大意，需要比现在细心 1~2 倍地去看问题。

5. 学会解决问题的手法

手法是解决问题的工具。砍大树的时候，使用剃须刀只会使刀片残缺不全，却并不能砍倒大树，需要的是用锯子和斧头等合适的工具。作为改善的工具，必须学会 QC、IE、VA／WE 手法。

1. 丰田的“3个章运动”（1988年）

把盖章的人明确分成起草人、确认人、决策人这一组织结构的运动。

2. 假设下面的事例需要为7个人盖章

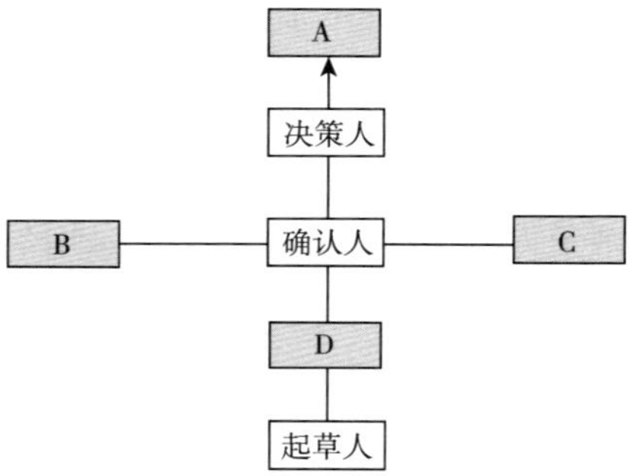

（1）盖7个章的情况。

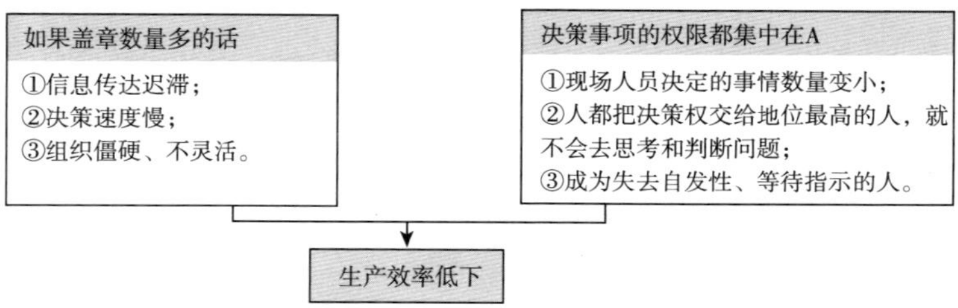

（2）盖3个章的情况。

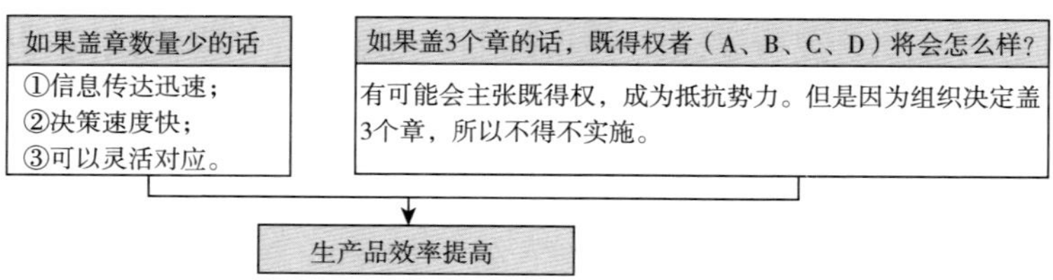

17 写给不能发现改善主题的人

丰田虽然成为了高收益的大企业，但是还时刻保有危机意识，以便应对急剧变化的消费者需求。丰田前任社长渡边捷昭说："我是 1964 年进入公司的，在我之前有很多前辈都有过勉强维持生计、闯过经营难关的经历，他们经常对我说不要高傲自大。现在说这些成了我的工作。"

人在实现某种目的后或者满足某种现状时，努力和创意都会变弱。丰田自摆脱二战后的经营危机以来，其经营者和作业人员一直都共同持有一种危机意识，并对此互相切磋研究。人在自觉认识到"就这样下去是不行的"时，无论多么细小的事情都会变为问题浮出水面。在丰田，这样一种危机感就像 DNA 一样被一代代传承下来。

笔者对那些"基本解决了能够想到的问题，但不能发现改善的主题"的人说："试着提高一下生产速度看看。"

一旦提高生产速度，如图 4-15 所示，不合格产品、机械设备故障等问题就源源不断地出现了。改善的主题是无限的。不合格率一下降，就再次提高生产速度。通过反复进行同样的操作，企业①和企业②在收益上就产生了很大的差距。在提高生产效率的过程中，解决问题的技术确实也在慢慢成长、完善。

图 4-15 中的事例就是一种不满足现状，只要拥有危机意识就会有问题自然出现的情况。

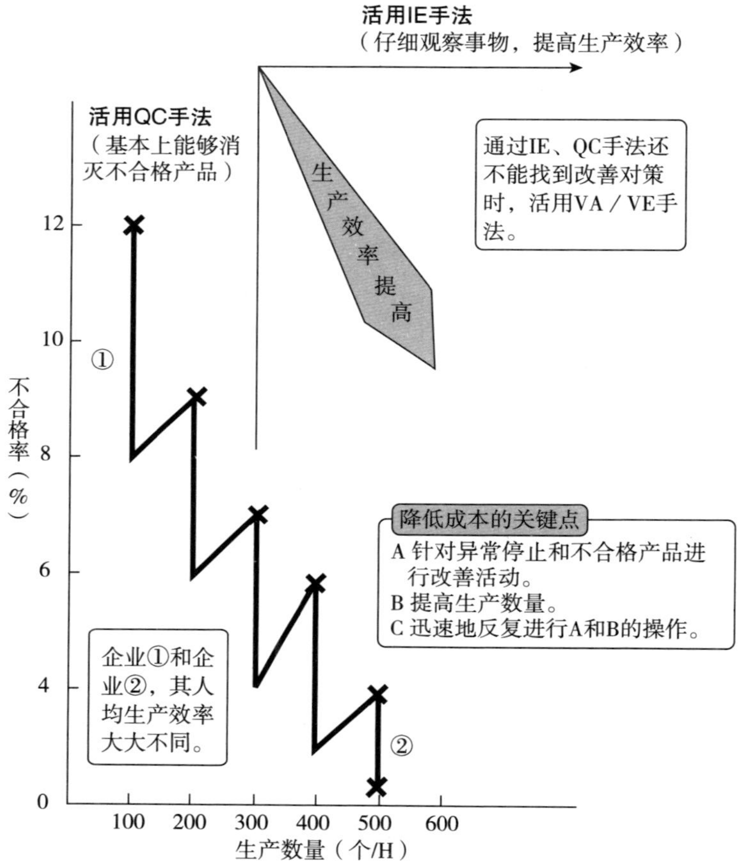

图 4-15　带有危机意识，寻找改善主题

注：QC（quality control）：质量管理。

IE（industrial engineering）：工业工程的缩写，因为没有找到合适的翻译用语，所以就叫做IE。

专栏 5

何谓营业的改善活动

在 TQC（total quality control 全面质量管理）和小集团活动的全盛时期，日本的许多企业都试图引进了改善活动。现在，可以将这些企业分为继续进行改善活动的企业和已停止改善活动的企业。丰田的改善活动在很大程度上都取决于 QC 小组活动，现在 QC 小组活动也在频繁地实施。

在全盛时期，很多企业的营业活动都与小集团活动保持了一定的距离，除去一部分企业外，大多数企业的营业活动大体上处于一种并不活跃的状态。营业之所以低调，是因为以顾客为对象，范围比较广泛，所以不能进行管理分析，就很难分析现状、查找原因。

也有人认为，之所以很难分析现状、查找原因是因为“很难做到当场发现问题，所以将其做成详细的数据比较困难”。但是，如果想办法学习浪费的基本思想和解决问题的程序，将资料数据化，就能够进行改善了。比如，如果以数据性的资料把握营业负责人的行动，就能分析其访问时间率和接受的订单数量。

在生产过程中要重视现场主义。因为在发生问题的现场才有事实的真相，才有“犯人”，所以如果在现场处理，就能逮捕到现行犯，即能够迅速地解决问题。

那么，让我们思考一下营业的现场主义是什么样的呢？有的企业规定，在日报记录里，要把谈判过程中顾客所说的话照原样一条一条地记录下来，完全不需要营业负责人的推测。

因为是谈判内容的分条记录，所以不能写入工作以外的话题。因为只是单纯记录听到的事，如果不进行很重要的谈判就什么也不要写，这样就能够马上发现浪费。

专栏6

如何处理酒店服务员的错误

因为工作关系，笔者在全国住遍了各种各样的酒店。在商务酒店一般会遇到这些问题，比如头发掉在了地板上和浴缸里，电灯泡坏了，房间里有烟味，必要品不齐全等。

即使是在高级酒店，也曾经发生过残留烟头的事。但是，存在很多问题的还是商务酒店。

因为只要试着开一下灯就会知道灯泡坏了，或许他们根本就没有进行确认。与前台联系一下，有时候什么也不解释就给房客更换房间，但是有时候也会辩解一下："非常对不起，可我不是平常打扫房间的人。"这样似乎一点也没有将事情变好。

人是容易犯错误的生物，因此需要引进预防错误的方法。在进行生产时，很多企业都引进了规制式，但是对于清洁工人来说，最好还是提醒式。酒店如果把清洁工的名字记在卡片上，然后把卡片挂在房间里，上述问题就会减少。

酒店如果在房间里准备意见调查表，供顾客填好后提交或邮寄给前台，问题会变得更少。笔者认为这是因为个人的责任明确了，意识观念强化了，就开始注意一些细节了。

有时候，虽然客人预订了出租车，但是迟迟没有联络。前台说："因为接受预定的人是新人，非常对不起。"可是客人通常在1个月前就已经见过那个被称为"新人"的人了。

出租车预定并非很复杂的工作，都过了一个月了，应该与新人没有任何关系了，这是因为没有建立确认系统而产生的问题。应该学习在生产现场的目视化管理。

专栏 7

“感官检验”的标准是否明确

索赔都是因为不符合顾客和厂家所规定的质量标准的产品被送到了顾客手中而产生的。查找一下索赔的原因，就会发现很多情况都是因为通过五官进行判断的标准没有被数值化，导致双方的认识不一致所产生的。

虽然暂时性地规定“伤痕、脏物为零”、“混入异物为零”，但是其具体程度并不清楚。虽然说了伤痕为零，但是就看一眼还是不清楚。如果从不同的角度看产品，有时候在强光下就能够略微看清楚。

因为“顾客就是上帝”，所以厂家就要仔细研究像艺术品一样的产品。但是有时候在检查上疏忽，或者原材料利用率不高，厂家就会判断“这样就可以了吧”，然后意识性地将货物发送给了客户。

被发送到顾客手上的产品在使用时似乎没有出现任何问题。但是，一旦产生一些问题，就有可能造成索赔，标准将会变得更加严格。于是，就制作出“感官检验”必需的阶段样本、限度样本等，所以有时候要求营业负责人进行合作。

可是让人吃惊的是有很多营业人员自己也不清楚标准，他们就说：“我将和顾客去商量一下标准，请给我一点时间。”然而，以前的标准是什么呢？

拿箱子的颜色标准来说，有的营业负责人听顾客说“以日落前两小时的颜色为标准”，于是就原封不动地把顾客的话转达了过来。确实，用抽象性的表述寻找色彩或许也是一种工作。但是需要进行“感官检验”的产品不能是抽象性的表述，要尽可能地设定明确的标准。如果没有标准，在生产工序中就会产生很多的浪费。

第 5 章 丰田改善的原点——IE 手法

· 无效的动作不是工作。

· IE 和合理化就好像地下的基础工程一样，虽然谁都不明白，但是如果没有牢固的基础，建筑物就好像沙子上的楼阁一样。因此，即使其他人不明白 IE 和合理化，也必须建立一个牢固的基础。

——大野耐一

丰田汽车工业副社长　昭和五十年~昭和五十三年

（1975~1978 年）

1 何谓 IE 手法

丰田生产方式被系统地总结出来作为生产指南是在昭和四十年（20 世纪 60 年代）后期。 它是丰田经过一系列的改善活动后才建立起来的一种生产方式。 在改善活动的过程中，产生了现在被广为使用的各种丰田独特的用语。

其间，丰田汽车工业从昭和三十年到昭和五十年（20 世纪 50 年代到 70 年代），反复进行 IE 教育，许多人都因此学会了 IE 手法。

所谓 IE 是 industrial engineering（工业工程）的缩写，因为找不到合适的翻译用语，所以就直接叫它 IE 了。

IE 是仔细看问题的技术。 其内容综合了人、物、设备以及信息等因素，通过 IE 手法可以建立起最经济的工作系统。之所以不能解决浪费和问题，是因为不能发现浪费和问题；之所以不能发现浪费和问题，是因为看东西时粗心大意。

IE 是仔细看问题的方法，所以掌握了 IE 手法，就会发现以前所不清楚的问题。 IE 的特点如图 5-1 所示，把工作逐层细分为工序→作业（单位作业→作业要素）→动作（要素动作：思布利吉），然后消除各项工作中的 muri（超负荷的人员或设备）、muda（浪费）、mura（不均衡）。

如图 5-1 所示，分析一下教师的工作。 以工序为单位看教师工作时，为了提高教师工作的附加价值，首先有必要增加○部分所占据的比例。 无论怎样移动都不会产生附加价值。在○部分如果没有发现问题，就接着分析单位作业。

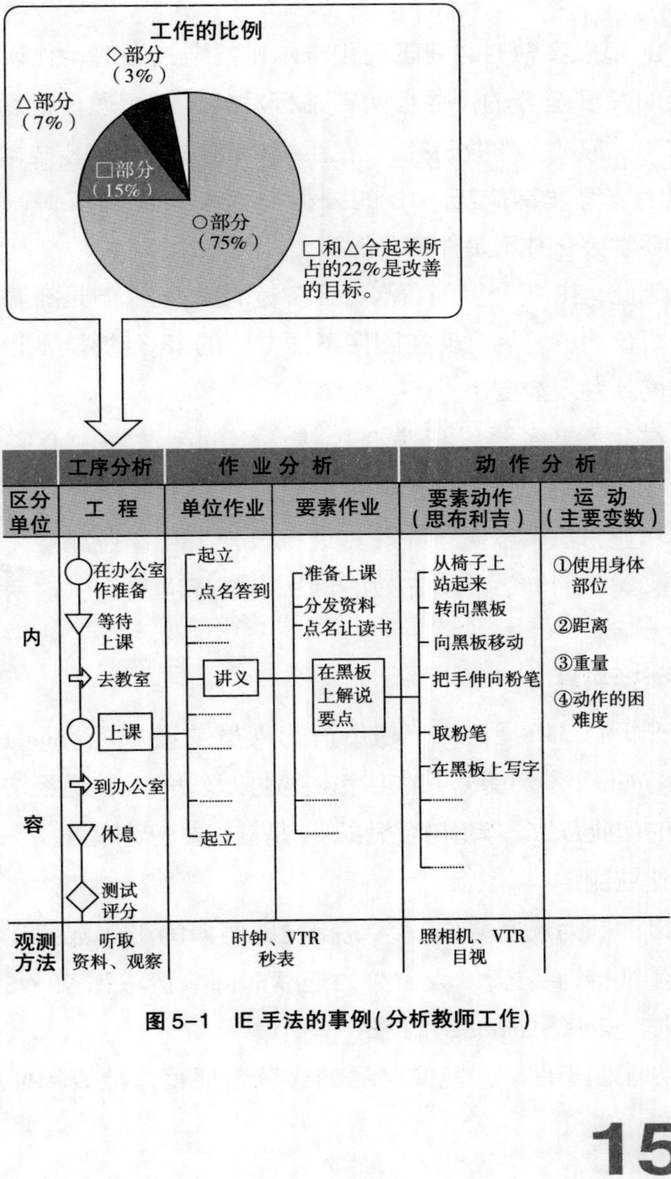

图 5-1　IE 手法的事例(分析教师工作)

2 提高生产率的第一步从作业研究开始

IE 是以泰勒的时间研究和吉尔布雷斯夫妇的动作研究为起源而发展至今的，并且两者并行发展、互相融合，逐渐被系统化，形成了作业研究。在系统化的过程中，IE 技术的适用范围变得非常广泛，IE 的分析技术和内容也变得高度复杂，要学会它并不是件容易的事。

因此，IE 曾一度随着泡沫经济暂时衰退。但是随着 VRT 等分析仪器的发展，现在即使不懂专门的 IE 分析技术也能够很容易就发现浪费了。

在此，笔者将以日常在企业活用的手法为中心来说明 IE。IE 大致由如图 5-2 中所示的方法研究（调查并分析工序和作业方法、步骤，并对其进行改善）和作业测定（测定作业必需的时间、消除无效时间、设定标准时间）这两方面构成。

方法研究

分析有 3Mu [muri（超负荷的人员或设备）、muda（浪费）、mura（不均衡）] 的工序、作业以及动作，创造经济安全轻松的作业方法。"动作经济原则"是其主要的着眼点。

作业测定

以时间为尺度将作业系统和构成要素的工作数值化，以改善和维持为目标。大致分为连续时间分析法和 W · S [工作抽样（work sampling）] 法。

为了便于理解，就像产品的检查包括整体检查和抽样检查一样，可以把工作的整体检查看做连续时间分析法，把工作的抽样检查看做 W · S 法。

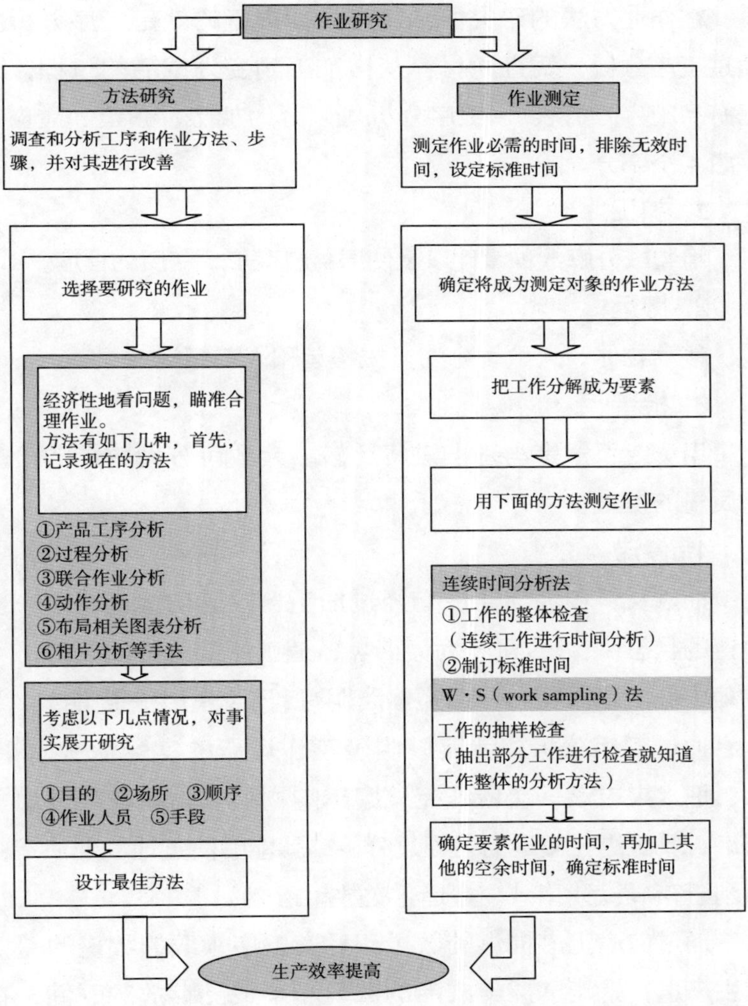

图 5-2 作业研究的概要

3　何谓工序分析

在作业方法的研究中，首先必须进行的就是工序分析。通过工序分析，调查原材料从被加工到变为成品的过程，制订产品工序分析表。工序分析可以分为加工、搬运、检查、停滞 4 个部分。

1. 加工

组装或分解数种零件以及使原材料变形、变质的程序。

2. 搬运

移动物体，大致可分为机械搬运和人工搬运。

3. 检查

用测定仪器等与基准进行比较，大致可分为数量的检查和质量的检查。

4. 停滞

指原材料和零部件没有经过加工、搬运和检查就被一直放置的状态。大致可分为停滞（各道工序间的临时等待）和储藏（被指定保存）。缩短停滞期有利于缩短生产周期。

通过工序分析，就可以明确工作场所的实际情况。比如，把本来应该一次就能完成搬运的物品分为在好几个地方装卸，反复进行搬运时，通过分析，就能够清楚地发现浪费，有利于布局设计和减少搬运（次数和距离）。

通过前道工序提供的数量和后道工序领取的数量的差把握生产量，就能掌握半成品的数量和半成品存放的时间，有利于减少半成品的数量。把上述分析的 4 道工序分别附上时间，就会清楚不能产生附加价值的工序所占比例，也就容易锁定作为问题工序要改善的目标了。

表 5-1 工序分析

项目	记号	改善的关键点
加工或作业	○	①简化加工方法 ②缩短加工时间 ③减少加工数量 ④增加加工比例
搬运或移动	□或○	①减少搬运工序 ②减少搬运工时数 ③缩短搬运距离 ④改善作业布局 ⑤减少搬运次数
检查	数量的检查（调查数量）□ 质量的检查（检查质量）◇	①减少检查工时数 ②明确检查目的 ③研讨检查环境和检查时间 ④简化检查方法 ⑤研究是否是表面作业
停滞或等待	停滞（各道工序间的临时等待）D 储藏（被指定保存）△	①减少停滞时间 ②减少停滞工序 ③改善储藏方法 ④减少储藏空间 ⑤减少半成品

工序分析的对象大致可分为“人”、“物”、“机械”

比如物的情况下，如果说作业时间，并不是指人作业的时间，而是指材料被加工的时间。

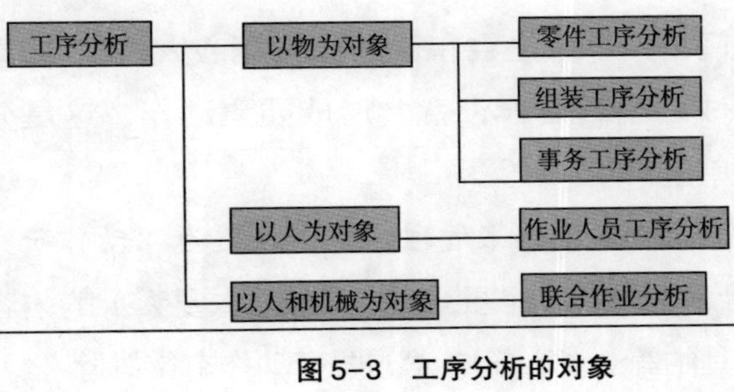

图 5-3 工序分析的对象

4 何谓动作分析

在使用电脑进行工作是理所当然的时代，经常会见到如下的情景：

年轻人正在使用双手快速工作，在他的附近，知识和经验都很丰富的科长却只是使用右手的食指慢慢地敲键盘。过了一会儿，科长的手指头停止了动作，年轻的职员就给他建议："科长，这里是这样做的！"与年轻人快速轻松地工作相比，年长的科长显得非常吃力，不仅慢而且姿势不正确，额头上都渗出了汗。

在做相同的作业时，习惯的人和不习惯的人的工作速度和正确性都有一定的差异。习惯的人不用看键盘，只是交互式地看资料和计算机显示屏，两只手迅速地敲打着键盘。

现场作业也可以说是如此。习惯的人比不习惯的人的工作速度要快好几倍，而且能够正确、轻松地灵活作业。因此，**动作分析就是系统性地研究有无不合理、有无浪费、有无不均衡的作业方法和步骤。使不习惯作业方式的人也能够有效地作业。**

不能发现问题只不过是看东西时比较粗心大意。如果把作业内容分解成细小的动作，就会形成要素动作，这是分析作业时最小的单位。

由吉尔布雷斯（美国著名管理学家，被誉为"动作研究之父"。——编者注）所提出"要素动作"（基本要素）的内容如表 5-2 所示，其中第 2 类、第 3 类的要素动作有待排除。

表 5-2 改善要素动作的目标

第 1 类	第 2 类	第 3 类
要素动作中有用的东西，作业必需的。可以通过缩短时间来进行改善	容易使第 1 类作业变慢的要素动作。需要努力排除	不作业不产生附加价值的要素动作。排除此类要素动作，收效会很大
· 伸手（空手） · 搬运 · 抓取 · 定位（确定位置） · 拆卸（分解） · 放手 · 确认（检查） · 使用 · 组装	· 改变方向 · 前置（准备） · 寻找 · 选择 · 思考 · 均衡失调 ⇓ 除“思考”以外，其他的通常通过改善布局设置，就能取得成效	· 保持 · 可以避免的延误 · 不可避免的延误 · 疲劳恢复的休息 ⇓ “保持”也可以说是在做工作，但是保持的期间却是一种浪费。通过排除属于第 3 类的要素动作，会得到很好的效果

用语说明

均衡失调

在用左手取下一个零件之前，右手也不能工作的时候，要等待其他身体部位的动作或机械的运作。

不可避免的延误

并非作业人员的责任而引起作业中断，是指从延误开始到等待结束时的一段时间。在其他身体部位或机械进行某项作业的期间，一只手或两只手都处于闲置的状态。

可以避免的延误

因为作业人员的责任引起的作业中断，是指从正规作业方法中没有的动作开始之时到与正规作业方法没有关系的动作结束时的一段时间。这些都是因为疏忽而产生的不必要动作，通过作业人员的思考就能得到改善。

5 理解动作经济原则，减少动作数量

虽说要进行动作分析以改善作业，但是从何处切入呢？这一点非常重要。改善不仅是改善人的动作，还包含零部件、夹具胎具、机械等的放置方式和布局，必须找出一种能够使人有效率地、经济地、安全轻松地作业的方法。

动作经济原则是吉尔布雷斯从经验中总结出来的“尽量使人以最小限度的疲劳创造最高的效率，从而实现最有效的作业动作的方法”，之后的动作研究者又将其内容进行了进一步的补充。

动作经济原则包含如下 4 个基本原则：

①减少动作数量；

②同时使用身体的各个部位；

③缩短动作距离；

④尽量使动作轻松舒适。

可以将上述的各项基本原则进一步分为如下的几项原则：

①动作方法原则（关于人体使用的动作经济）；

②作业环境原则（关于作业配置的动作经济）；

③胎具、机械原则（关于工具和机械设计的动作经济）。

下面笔者将就 4 个基本原则进行说明。

基本原则之一：减少动作数量

消除不必要的动作，减少动作数量。即使是必要的动作也要尽可能地减少，这样工作才会变得轻松，作业速度才会变快。

仔细分析一下不必要的动作，即对于工作目的不起任何作用的动作。

表 5-3 动作经济原则（1）

基本原则	**减少动作数量** 不要进行不必要的“寻找”、“搬运”、“选择”、“准备”	**同时使用身体的各个部位** 消除一只手的“等待”、“保持”，有可能的话要活用脚，做到手脚并用
（1）动作方法原则	①消除不必要的动作（要素动作） ②减少必要动作的数量 ③组合两个以上的动作 ④减少眼睛的转动	①两手的动作同时开始、同时结束 ②两手同时反方向或同方向运动
（2）作业环境原则	①材料和工具放在作业人员前方的合适位置（不需要寻找等动作） ②材料和工具按照作业的顺序放置（不需要寻找等动作） ③材料和工具要保持能够使作业顺利流动的状态	设计成能够同时使用双手的配置 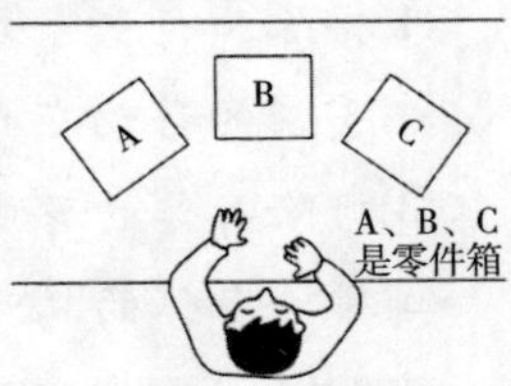
（3）胎具、机械原则	①利用和创造便于取放材料和零件的容器和工具 ②在使用夹具工具紧固零件时，利用和创造花费动作数量少的夹具工具 ③把两个以上的工具组合成一个 ④尽可能地一次就能进行机械的操作	①长时间保持某一对象物的时候，利用和创造保持的工具 ②在进行简单的作业和需要力气的作业时，要利用和创造使用脚的工具 ③利用和创造双手能够同时动作的夹具工具

6 利用动作经济原则使作业变得轻松

减少动作数量的着眼点就是要排除在要素动作改善的目标中说明的第 2 类和第 3 类动作。

基本原则之二——同时使用身体各个部位

仔细观察一下作业，经常都是一只手在进行操作，另一只手很多时候都是处于完全闲置的状态或者只是作为辅助工具在使用。要尽量做到两只手的动作同时开始、同时结束，不要使之空闲。如果想办法做到手脚并用，作业会变得更加轻松和快捷。

基本原则之三——缩短动作距离

寻找动作中需要时间的要素动作，并缩短动作时间。作为缩短动作时间的着眼点，可以考虑以下内容：

①排除步行；

②手腕的移动在正常的作业范围；

③排除身体的弯曲和站立；

④排除身体的转动（横向、向后）。

根据以上内容，要尽可能地把材料和工具放在离作业位置近的地方，在正常的作业范围内进行作业，想办法缩短作业时间。

基本原则之四——尽量使动作轻松舒适

对于姿势不合理的作业和重物的搬运等，要考虑轻松、省力的工作方法，并且作业台的高度要适合作业人员的身高，进行照明的勒克斯管理（检查、精密作业等）。在持续工作的场合，必须想办法维持工作精神状态，不要因疲劳而使工作效率和精确度降低。同时，还需要考虑处理噪声、振动、粉尘、气味等的策略，改善工作环境。

表 5-4　动作经济原则(2)

基本原则	**缩短动作距离** 减少不必要的大幅度动作	**尽量使动作轻松舒适** 消除需要很费力气的姿势和动作
（1）动作方法原则	①使用最合适的身体部位（有效率的使用范围）动作 ②在最短距离范围内进行作业，不要超过最大作业范围	①尽量毫无限制（调整、注意）地轻松动作 ②合理利用重力、惯性力、排斥力、磁力等自然力进行动作 ③尽量使动作的方向和动作的变换毫无障碍
（2）作业环境原则	①尽可能地缩小作业范围 ②材料和工具放在离作业地方近的地方	①作业台的高度要适合作业人员 ②充分注意照明、噪音、振动、粉尘、气味
（3）胎具、机械原则	①利用重力（倾斜面）和机械动力（排出装置）进行取料送料 ②尽量在动作起来最舒适的位置（正常作业范围等）操作机械 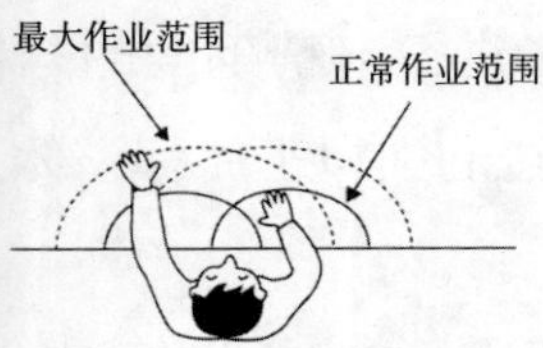	①确定位置时要考虑到工具和胎具的利用 ②工具要轻并且容易抓取 ③制造不需要调整的胎具 ④操作方向与机械移动的方向要保持一致 ⑤引进自动装置和人工智能装置 ⑥尽量能够在可以看见的位置以轻松的姿势作业

7 何谓标准时间

在以时间为尺度来计量作业系统及其构成要素的作业，并将被数值化的计量结果作为计划和作业的目标时，时间会因为作业方法和作业人的熟练程度等因素的不同而不同。此时，如果有标准时间，就能轻松地制订出计划。

关于标准时间，可以作如下定义：

· 拥有作业必需的熟练技能的作业人员

· 在所规定的作业条件下

· 以合理的作业方法和作业速度

· 创造出顾客所要求的产品质量

· 完成规定数量的作业需要的时间

标准时间作为生产经营活动中各项管理的基准是非常重要的。比如制订日程计划、估算成本、确定订货单价、推算合适的作业人员等。如果不设定标准时间，制订计划时就会粗心大意，就会在某些地方产生浪费。

另一方面，要想完全设定标准时间，需要很多的工时数。没有必要对所有的作业都设定相同水平的标准时间。以必要的精度设定重要作业的标准时间也是一种方法。

比如，对于问题工序，进行高精确度的分析，设定标准时间。但是，对于曾分析过的类似工序和整体工序，以粗略的精确度进行分析就可以了。

如图 5-4 所示，这是设定标准时间的基本步骤。标准时间的设定方法有很多种，精确度高的工序需要相当高的技术，所以笔者建议另行学习。

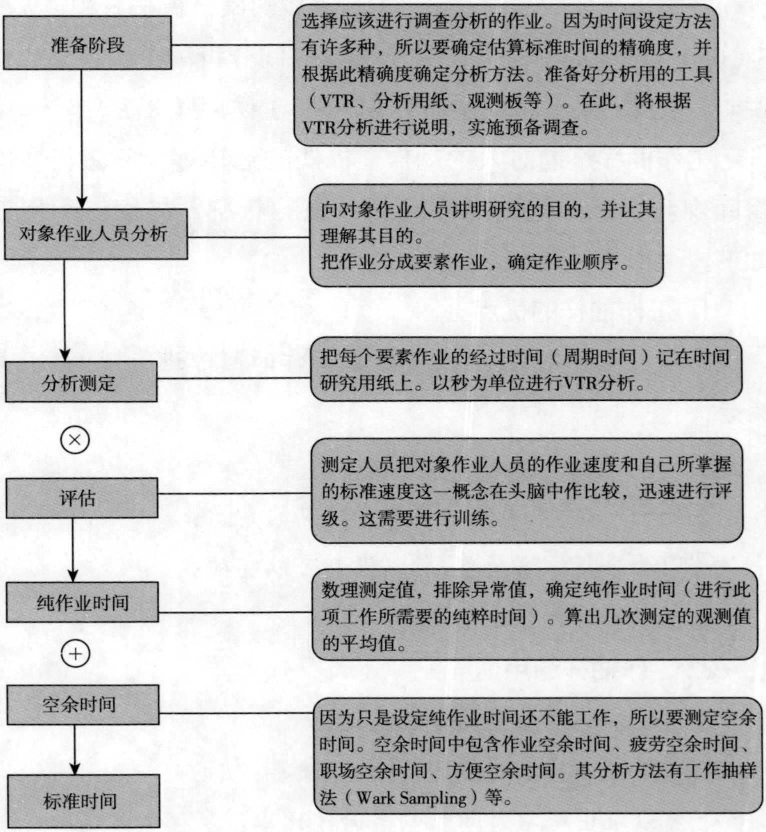

图 5-4 标准时间的基本设定步骤

8 抽样把握工作（工作抽样法）

在把握工作数量时，大致有“连续时间分析法”和“W·S（work sampling）法”。关于连续时间分析法，在后文会作说明，在此，笔者将叙述一下W·S（工作抽样）法。

工作抽样是指对人的动作、机器的运转等反复进行多次瞬间观测，统计性地推测观测对象的状况，其优点和用途如下。

1. 工作抽样的优点

①不用连续观测,所以可以在工作的间隙进行观测,不易疲劳;

②一次可以观察多个对象物;

③观测人时,不用给被观测者特别的意识;

④因为分析方法简单,所以谁都可以实施;

⑤可以知道大体精确度。

2. 工作抽样的用途

①可以清楚作业量的合理范围;

②把握低工作率的原因,并加以改善;

③可以求出标准时间和空余时间比率;

④有利于研究人和机械的关系;

⑤有利于间接作业的标准化;

⑥有利于把握职场管理上存在的问题。

图5-5是用工作抽样法调查了7个作业人员的工作状

况，然后与连续时间分析法比较得出的结果。

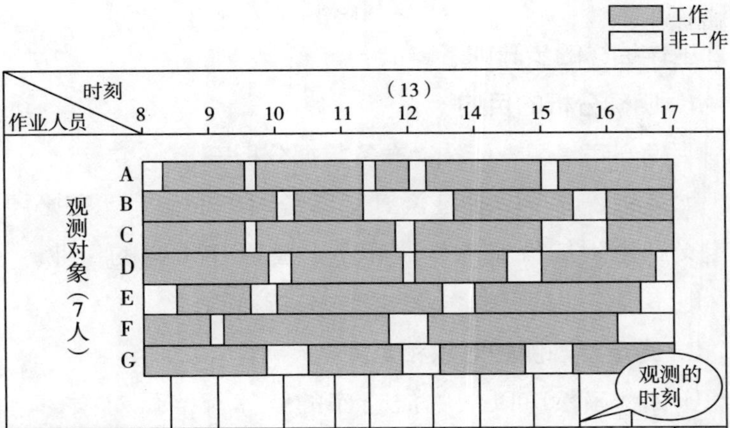

观测次数		1	2	3	4	5	6	7	8	9	10	合计
观测时刻		8:24	9:06	10:06	10:54	11:24	13:24	14:06	14:54	15:36	16:24	
工作	观测数量	卌|	卌|	||||	卌||	卌	卌	卌||	卌	卌	卌|	56
	合计	6	6	4	7	5	5	7	5	5	6	
非工作	观测数量	|	|	|||		||	||		||	||	|	14
	合计	1	1	3	0	2	2	0	2	2	1	

图 5-5 工作抽样法

表 5-5 分析手法的比较

分析手法	工 作	非 工 作
工作抽样法	56/70=0.8 80%	14/70=0.2 20%
连续时间分析法	78.7%（网线部位）	21.3%（空白部位）

9 工作抽样的使用方法

工作抽样的步骤如下。

1. 明确分析的目的

明确到底想调查什么，准备数据分析表。

如果想要调查作业是否真正具备附加价值，就有必要事先定义产生附加价值的作业和不产生附加价值的作业。通常，以不同作业项目的作业比例为分析目的。

2. 确定要观测的对象和范围

比如，虽然可以把物流仓库的整体都当做对象，但是有问题的对象只是物流仓库的一部分，如果分析整体的话，就会产生分析的浪费。对象是因为目的的不同而变化的。

3. 确定要观测的项目

如果想知道10个作业人员的不同作业项目比例，人员的作业就是要观测的项目。

如果要分析机械是否在运转，观测项目就是运转和不运转这两项。

4. 确定观测数量

最初抽取100~300个数据，如果想知道目的项目所需要的精确数据数量，就要进行统计处理，进一步增加分析数据不足的部分。

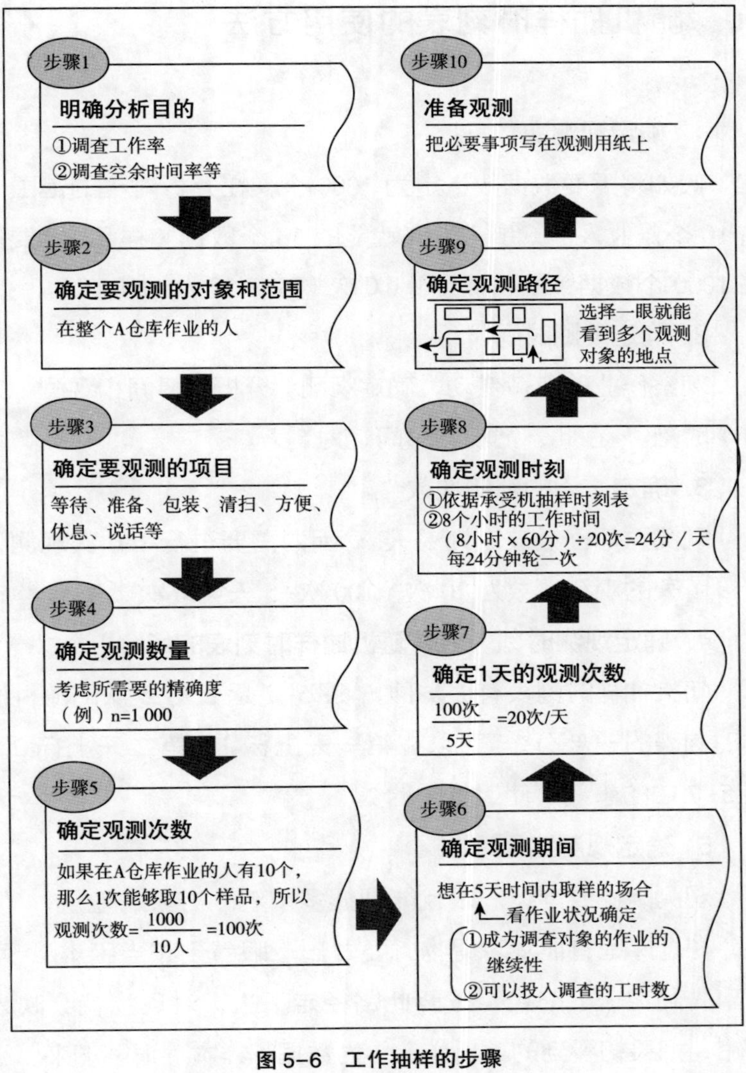
步骤1
明确分析目的
①调查工作率
②调查空余时间率等
步骤2
确定要观测的对象和范围
在整个A仓库作业的人
步骤3
确定要观测的项目
等待、准备、包装、清扫、方便、
休息、说话等
步骤4
确定观测数量
考虑所需要的精确度
（例）n=1 000
步骤5
确定观测次数
如果在A仓库作业的人有10个，
那么1次能够取10个样品，所以
观测次数= 1000 / 10人 =100次
步骤6
确定观测期间
想在5天时间内取样的场合
看作业状况确定
①成为调查对象的作业的
继续性
②可以投入调查的工时数
步骤7
确定1天的观测次数
100次 / 5天 =20次/天
步骤8
确定观测时刻
①依据承受机抽样时刻表
②8个小时的工作时间
（8小时×60分）÷20次=24分 / 天
每24分钟轮一次
步骤9
确定观测路径
选择一眼就能
看到多个观测
对象的地点
步骤10
准备观测
把必要事项写在观测用纸上

图 5-6 工作抽样的步骤

10 随机抽样时刻表的使用方法

1. 确定观测次数

假如将需要数据数量定为 1000 个，在分析对象的范围内有 10 个作业人员，那么 1 次就能取 10 个数据（样品），要备齐 1000 个数据，就需要观测 100 次（1000÷10 人 = 100 次）。

2. 确定观测时间

观察作业的负荷变动，确定观测（分析）时间和观测（分析）时刻。 在此，把观测时间定为 5 天。

3. 确定 1 天的观测次数

观测时间已经被定为 5 天。 因为需要进行 100 次观测，所以 1 天的观测次数为 20 次（100 次÷5 天 = 20 次／天）。

4. 确定观测时刻（依据随机抽样时刻表的场合）

随机抽样时刻表有很多种。 图 5-7 是 1 天 25 次的随机抽样时刻表的一部分。 可以在第一天上标 1，第二天上标 2。 图 5-7 中的事例将使用其中的 2。

5. 确定观测路径

观测路径要选在一眼就能把握多个观测对象的地点。 但是，在仓库里有很多障碍物，要做到一眼看到相当困难。 可以事先确定一下路径，按照此路径走下去，对象物就会映入眼帘，把最初看到的项目作业作为数据（样本）记录下来。

6. 准备观测

把必要事项写在观测用纸上，准备进行观测。

1		2		3	
（19）	0: 05		0: 20		0: 10
	0: 20	（18）	0: 50	（16）	0: 35
	0: 55	（24）	1: 20		0: 55
（22）	1: 10	（21）	1: 45	（24）	1: 00
（20）	1: 20		1: 55		1: 10
（24）	1: 35		2: 00		1: 45
	2: 30		2: 30	（19）	2: 00
	3: 05		2: 40		2: 05
（16）	3: 10		3: 10	（21）	2: 45
（25）	3: 15	（23）	3: 30		2: 50
	3: 25	（22）	3: 40	（22）	3: 00
（21）	3: 45		3: 50		3: 20
	4: 00		4: 05		3: 30
	4: 10	（16）	4: 15	（20）	4: 40
（18）	4: 35	（17）	4: 20		4: 45
	4: 55	（19）	4: 25		4: 55
	5: 00		4: 30		5: 00
（15）	5: 05	（15）	4: 35	（18）	5: 55
（17）	5: 35		5: 20	（25）	6: 00
	5: 55		5: 35		6: 05
（23）	6: 20		6: 15	（23）	6: 35
	6: 45	（20）	6: 40	（15）	6: 40
	6: 50	（25）	6: 45		7: 10
	7: 10		7: 10		7: 35
	7: 25		7: 35	（17）	7: 50

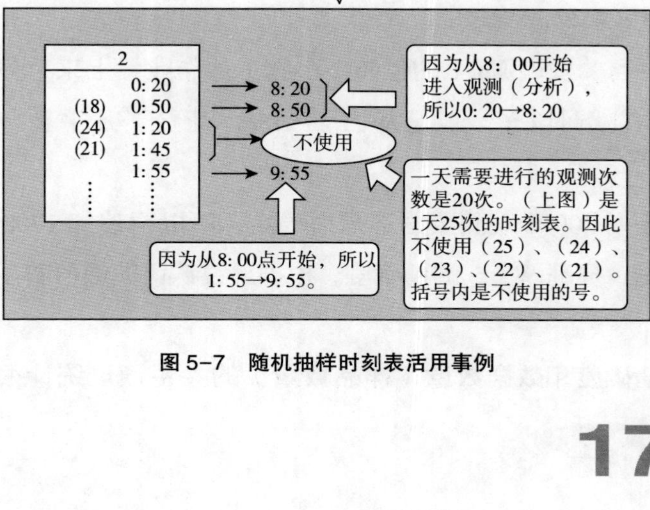

图 5-7 随机抽样时刻表活用事例

11 在前景不好的职场（物流仓库）的分析事例

关于在仓库发生的“处理货物的浪费”和“事务处理上的浪费”，要想知道到底发生了多少浪费，就必须分析在各项作业中花费了多少时间。

仓库很宽敞，其中有货架和物资材料等障碍物，是不适合做时间分析的场所。此时，可以发挥作用的就是 W · S（工作抽样 work sampling）。

虽然 A 仓库有 10 个人在作业，但是在哪项作业中花费了多少时间是不明确的。于是，首先要提前调查都有什么样的作业，把 No. 1（包装：小物）~ No. 24（其他）的项目写到物流仓库的工作抽样观测数据表（表 5–6）中。

按照 W · S 的步骤，就能得到 200 个数据。看数据的比例，一眼就能看出浪费的作业，如 No. 3 的铲车的空移动（7%），No. 12 的寻找产品（1. 5%），No. 16、No. 17 的待工（合计：4. 5%）等。

并且，发现 No. 1 的包装（小物）从作业量上来看应该占 6%左右就可以了，但是却占了 11%，花费了几乎多一倍的时间。

因为 200 个观测数据不是很稳定，所以再追加 1700 个观测数据，提高 W · S 的精确度，根据最终认可的数值着手进行改善。

精确度和数据数量（样品数量）的关系通过统计很容易

计算出来。如果想了解精确度，笔者建议学习一下统计学。

表 5-6　物流仓库的工作抽样观测数据

对象职场：A仓库　对象人：物流作业人员10人　调查日期：HXX.XX.XX 分析人：山本									
观察时刻 / 发生现象	8.20	8.50	9.55	10.00	10.30	10.40	11.10	合计	比例
1. 包装（小物）	/	///	/	/	/	//	/	22	11.0
2. 包装（小物）	/	/	//	/	/	/	/	18	9.0
3. 用铲车移动（空）	//	/		/	/	/		14	7.0
4. 用铲车移动（装货）	/	//		/	//	/	/	18	9.0
12. 寻找产品				/				3	1.5
13. 用保鲜膜包起来				/				4	2.0
14. 整理、整顿	/							2	1.0
15. 扫除								2	1.0
16. 待工（事务所）	/							6	3.0
17. 待工（仓库）							/	3	1.5
18. 用铲车装货			///	///	/	/		14	7.0
19. 用铲车卸货							///	10	5.0
20. 说话								2	1.0
21. 准备	//							4	2.0
22. 休息				/				3	1.5
23. 移动		/						2	1.0
24. 其他							/	5	2.5
合　计	10	10	10	10	10	10	10	200	100.0

12　如何发现流水作业中的浪费

以流水作业方式进行生产的时候，事先要掌握的就是生产线平衡的思想原则。

所谓流水作业方式就是指把一个作业分成好几个部分，让几个人共同分担进行作业，使每个作业人员都能熟练作业，以求实现生产的效率化的生产方式。

因为是把一个工作分割给几个人，所以需要分析各个作业人员的作业，确定合理的作业顺序和作业时间，尽量使作业对象物能够以一定的速度流通。

生产线平衡是指构成生产线的各道工序所需的时间处于平衡状态，尽可能地与负责各道工序的作业人员的作业时间保持一致，从而消除各道工序之间的时间浪费。

如果生产线不平衡，从工序 2 流转来的半成品停滞在图 5-8（改善前）所示的工序 3，在工序 5 就会发生停工等待。这样，工序 3 的作业人员就会手忙脚乱，负荷不断加重，疲劳感也会变得沉重，作业时极易发生错误。

相反，在工序 5 的作业人员因为时间很充裕，就认为停工等待会影响到其他的作业人员，于是就做了表面作业，生产出很多多余的产品。作业人员最清楚轻松和繁忙的工序，工序间的差异越大，作业人员之间就会积累越多的不满。

图 5-8（改善后）是在各道工序均衡地分担了作业量后的例子。作业量被平均化后，通过问题工序（改善前的工序 3

和改善后的工序 4）对比一下，作业时间被缩短了 27 秒。

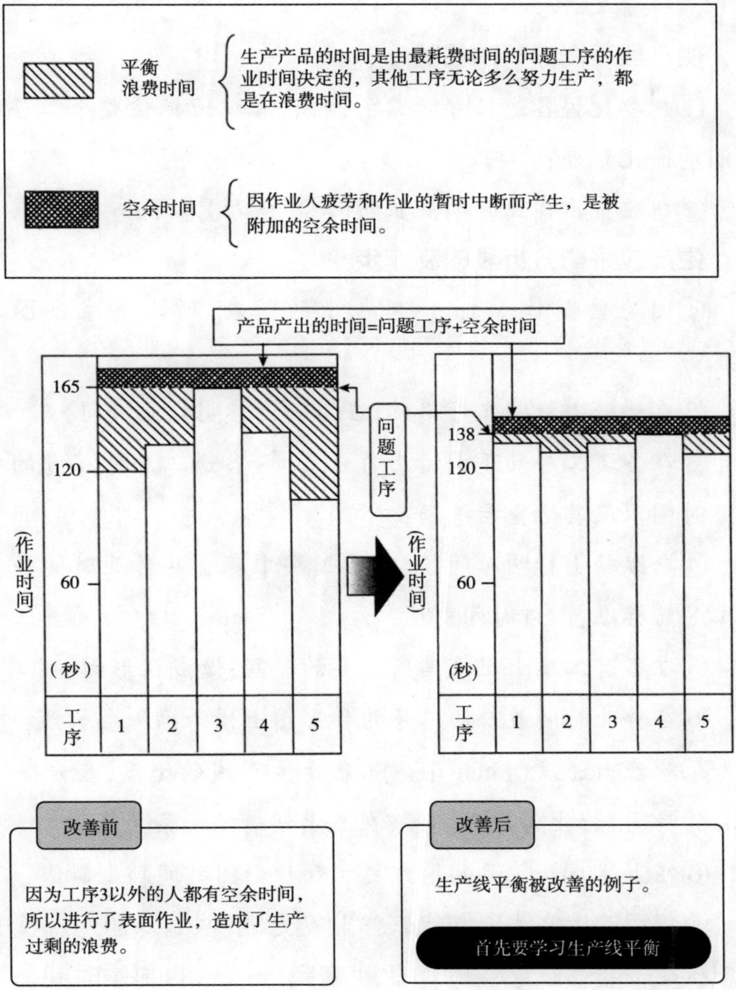

图 5-8　生产线平衡的改善(例)

13　生产线平衡分析方法

生产线平衡分析的目的

①想要把握各道工序所需的时间，客观地抓住整个工序的时间均衡化程度；

②想要找出作业时间最长的问题（瓶颈）工序。

生产线平衡分析表的制作步骤

①因为要制作如表5-8所示的图表，所以要准备图表用纸；

②在横轴上标明工序名称，在纵轴上标明作业时间；

③在各道工序的下面填上作业人员、各道工序所花费的纯作业时间以及其他重要事项；

④在纵轴上标明时间值，以在工序中花费的作业时间最长的工序为标准，制订时间刻度；

⑤在各道工序上记录其所需要的时间，做成柱形图；

⑥在作业时间最长的工序的柱形图上横着画一条长线；

⑦给产出速度（pitch time）（表示生产线的速度，生产一个产品的时间）标上时间的刻度，在其上横着画一条长线；

⑧在上述⑥和⑦画的横线之间和柱形图之间画上斜线。

改善后的生产线平衡代表作业实力的现状。作为现状的理想状态，能够以最快的作业速度完成产品的制作时间，与生产节拍不同。但是，要想清除生产线上的浪费，就必须了解生产线平衡这一基本思想。

表 5-7　分析生产线平衡的用途

①	提高作业人员和设备的工作率的场合
②	减少各道工序间的半成品的场合
③	缩短 1 个产品的生产时间的场合
④	新采用流水作业方式，建立生产线的场合
⑤	伴随着对作业、动作、设计布局等进行改善，再次研究生产线平衡的场合
⑥	发现表面作业时间的场合
⑦	通过实施均衡的作业分工来提高士气的场合

表 5-8　生产线平衡分析表(例)

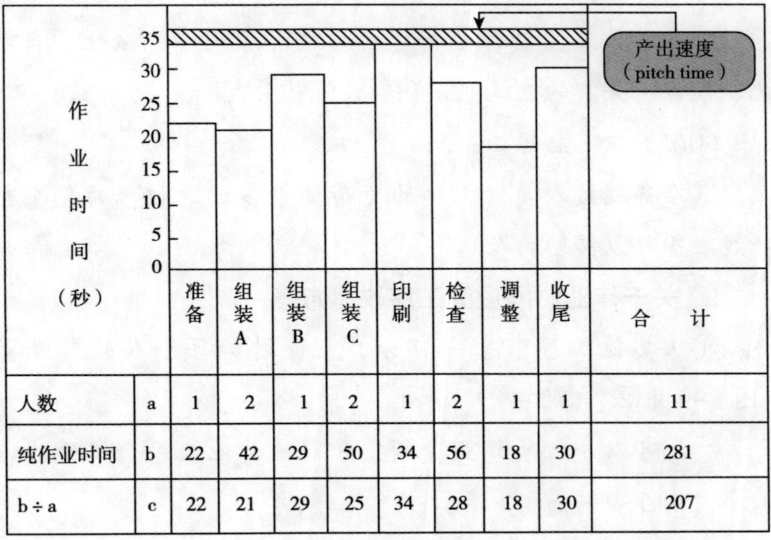

		准备	组装A	组装B	组装C	印刷	检查	调整	收尾	合计
人数	a	1	2	1	2	1	2	1	1	11
纯作业时间	b	22	42	29	50	34	56	18	30	281
b ÷ a	c	22	21	29	25	34	28	18	30	207

14 改善生产线平衡的方案

分析并改善生产线平衡的方案包括如下内容：

以生产线作业时间值最长的瓶颈工序为对象，缩短作业时间（图 5-9 中①）。

1. 关于作业时间长的工序的改善方案

①把可以分担的作业分割，分配给其他工序（图 5-9 中②）；

②增加作业人员（图 5-9 中③）；

③改善作业（动作分析、动作经济原则、机械化、自动化、设备、夹具的选择等）（图 5-9 中④）；

④配置技术熟练工；

⑤准备救援人员，工序的负荷变动多的时候，为整个生产线准备可以援助的人。

2. 关于作业时间短的工序改善方案

①从其他工序移来一部分作业，增加每个人的作业量（图 5-9 中②、⑤）；

②把可以分担的作业分割，分配给其他工序，消除此道工序（图 5-9 中⑤）。

在图 5-9 的①中，瓶颈是工序 3，所以最先必须努力缩短工序 3 的时间。但是，无论怎样缩短工序 3 的时间，作业时间都不会少于工序 5 的时间，这样还是会影响整体的效率。接下来，瓶颈就成了工序 5，所以还必须缩短工序 5 的时间。

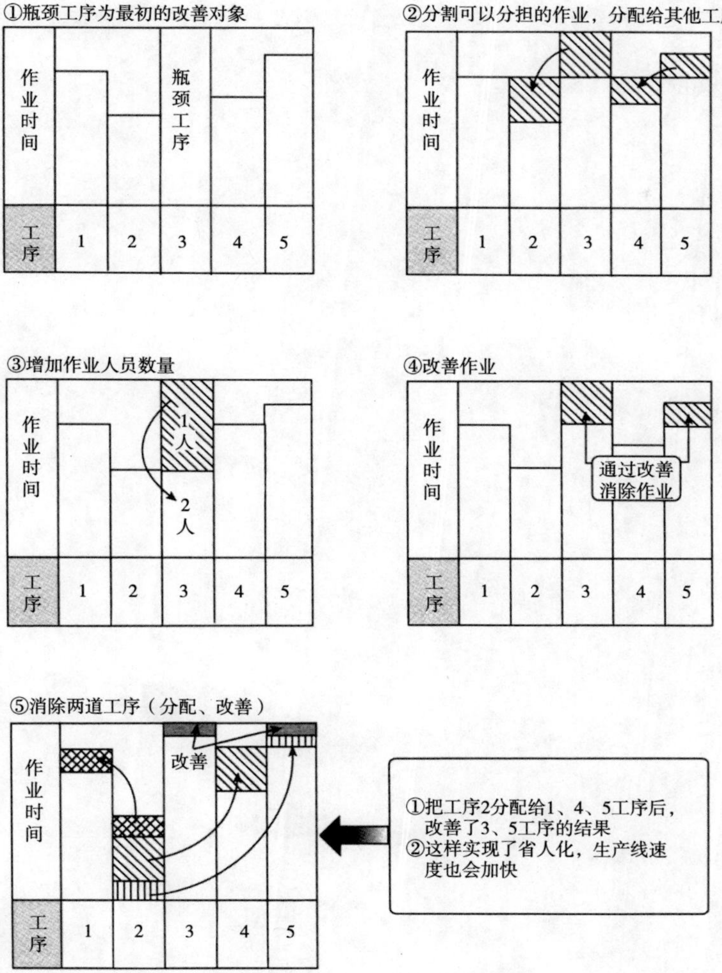
①瓶颈工序为最初的改善对象
作业时间
瓶颈工序
工序
1 2 3 4 5
②分割可以分担的作业，分配给其他工序
作业时间
工序
1 2 3 4 5
③增加作业人员数量
作业时间
1人
2人
工序
1 2 3 4 5
④改善作业
作业时间
通过改善消除作业
工序
1 2 3 4 5
⑤消除两道工序（分配、改善）
作业时间
改善
工序
1 2 3 4 5
①把工序2分配给1、4、5工序后，改善了3、5工序的结果
②这样实现了省人化，生产线速度也会加快

图 5-9　生产线改善方法

专栏8
用 IE 分析营业行动

IE 就是仔细看问题，把工作逐层细分为工序⇒作业（单位作业→要素作业）⇒动作（要素动作：思布利吉 Therblig），发现浪费的方法。

笔者决定试着用 IE 的观点来分析一下营业负责人的行动。如果营业负责人一天工作 9 小时，和顾客会面的平均时间为 2 小时，那么会面时间占整体工作时间的 22%。调查一下其他的时间，就能以各自的时间比例把握好资料整理、报价单制作、索赔等报告书和提交资料（日报、月报、差旅费核算）、会议、商谈、移动时间、等待时间等各项作业。

如果想增加与顾客会面的时间，必须改善从分析结果里剔除会面时间后 78% 的其他时间的作业，消除其中的浪费。首先应该与生产一样，努力增加产生附加价值的作业比重。

并且还要详细分析与顾客会面的内容。虽然会面时间很长，但是从礼节性的寒暄开始到体育、政治、家庭的谈话内容很多，而关键的谈判只花费了5分钟左右的时间，还不到工作时间的1%。

这与生产中所说的表面作业很多是一样的。对于营业人员来说，不产生附加价值的作业只不过是在浪费时间。

似乎也会听到类似因为人与人的关系，营业不能顺利进展的意见。在生产现场，用IE手法进行改善时，当然也会听到一些牢骚和反对。为了使改善成功，就要在职场内充分交流，尽量注意不要在士气低落的时候引进IE手法。

第6章 分析工序单位实施省人化

· 当需求数量没有变化时或减产时，不要通过增加生产量来提高生产效率，即不要提高表面效率。

——大野耐一

丰田汽车工业副社长　昭和五十年~昭和五十三年

（1975~1978年）

1　对于搬运浪费的思考

以工序为分析单位来看浪费，可以把工序分为加工（或作业）、搬运、检查、停滞、存放，不产生附加价值的工序都是浪费的工序。

在制造工业的生产过程中，产生附加价值的工序只有加工和检查。在搬运、停滞、存放阶段，无论怎样努力都不会产生附加价值。如果极端一点说，检查也不会产生附加价值。

根据丰田生产方式，搬运会给准时化生产带来很大的影响。**基于“在需要的时候按照需要的数量以最低的成本供给需要的东西”这一思想，少量搬运成为基本原则。**

少量搬运必须每次都按需求的数量进行搬运。但是，在距离较远的时候，如果实行少量搬运，搬运成本就会增加，这样做并不经济。并且，如果产生了不合格产品，会给生产造成很大的麻烦。

作业人员必须在节拍时间内完成单件产品的生产。但是，如果螺丝钉和包装用品等不够时，就产生了没有被纳入标准作业的作业，作业人员一个一个地跑去取所需要的东西，这样要做到按节拍时间工作是很困难的。此时，有效率的做法就是配置只是进行搬运作业的人。

作业人员要取装在箱子里堆了3层的零件，在取第1层和第3层时，手移动的距离是不一样的。取第1层的零件时，因为要伸手、弯曲身体，所以要费劲些。

在实施准时化时，必须考虑在图 6-1 中所示的细节基础上，建立起工厂结构体系。

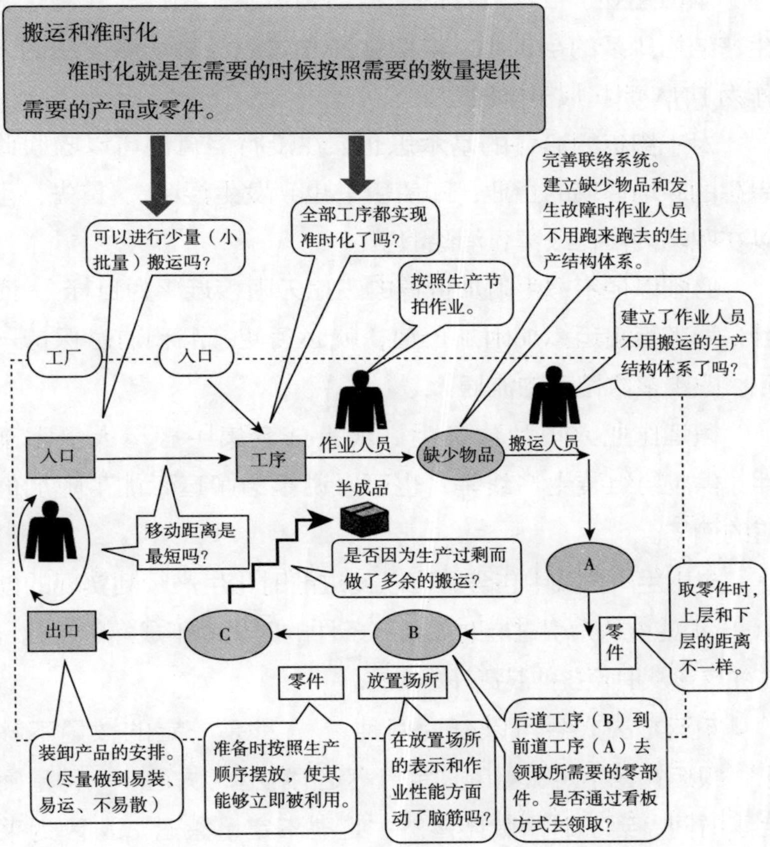

图 6-1　搬运和准时化

> **要点**
>
> 每次只搬运需求的数量是最理想的，根据职场的实力、生产结构体系水平，分别使用符合生产现场的搬运方法很重要。

2　使搬运无限接近零

丰田建立了各种各样的生产结构体系，在反复实施这些生产结构体系的培训中，丰田生产方式已经被能够实施的人作为 DNA 而扎根于丰田了。

对于搬运的浪费的基本思想，在没有培育出可以吸收此思想的职场环境的企业，即使引进也会发生混乱。 首先，可以在职场内实行改善，消除浪费。

必须以使不产生附加价值的工序无限接近零为目标。 而且，为了给搬运添加附加价值，就必须使产品和信息保持一致，改善多次搬运的流通。

搬运作业人员从数条生产线上成套集中搬运大量零部件，供应给组装生产线等，也可以说是给搬运添加了附加价值的例子。

丰田生产方式中包含着可以促进准时化生产顺利实现的创意。 那些被认为引进准时化生产条件的时机尚不成熟的企业，首先应该从消除各种浪费开始实施。

搬运方法大致可以分为两种。 一种是一定的数量不够了，搬运补充不足数量的“定量不定时搬运”方法；一种是确定了时间，到了时间就搬运的“定时不定量搬运”。 因为采取后面的搬运方式，数量不一定，会产生装载效率等问题。但是，在远距离搬运的情况下，可以根据筹集期间的情况搬运。

要把“选取什么样的搬运方法”这一基本思想放在心

底，根据自己的实际状况选择。

◆**搬运浪费的着眼点**

1. 考虑不搬运

无论怎样努力，在装货、卸货和运送物品时，基本上不会产生任何附加价值。同时还会耗费汽油和人力费、轮胎磨损等各种各样的经费，有时因处理方法不当会损伤物品。因此，从一开始就要考虑不进行搬运。

2. 减少搬运次数

为了减少搬运次数，需要有计划地把物品集中到一起，但是需要兼顾准时化必需的少量搬运。

3. 考虑布局的设计

改善机械设备的布局设计，消除搬运。在进行机械设备的布局设计时，要考虑到搬运的频率。

4. 减少空搬运

搬运物品时，都是暂且搬运一下。但是，运用搬运工具把物品搬运到目的地后，很多时候搬运工具都是空返。另外，在挑选货物时，有时也会在空搬运的状态下寻找物品。

5. 提高搬运的工作效率

包含空搬运在内，搬运上有很多表面的作业。活用 IE 分析法，实现搬运作业的标准化，消除浪费的作业。

6. 活用单元货载系统(unit load system)

所谓单元货载系统是指把货物集中成某个单位数量后进行托运，托盘可以说就是单元载货时运用的代表性的东西。搬运由以下 4 个要素组成。

①把物品整理成集中运输的状态；	②运输物品；
③把物品放在指定的位置；	④在指定的位置保管。

此时，物品的取法和放置方式如果不合理的话，就需要花费很多的工时数。

3　丰田命名的各种搬运方式

在搬运时，原则上要运用“搬运看板”进行搬运，搬运的基本思想就是通过后道工序到前道工序领取所需的物品，使用看板。指示搬运时，原则上使用搬运看板，现实中很多情况下都是并用生产看板和搬运看板。下面，笔者将介绍各种搬运方式。

1. 豉虫搬运方式

就像确定了好几个前道工序一样，来回移动，集中搬运必需种类的零件的方法。搬运方法因为看起来很像“豉虫”这种虫子在来回爬动，所以被命名为豉虫搬运方式。

2. 包租汽车搬运方式

需要零件时，有需要的工序就会发出呼叫信号，通知专门的搬运人员。零件搬运信息都被表示在一个集中管理板上，按照管理板上的指示进行搬运。这与根据顾客要求发出的包租汽车很相似，所以被称作包租汽车搬运方式。

3. 出租车搬运方式

搬运人员在负责区域来回移动，发现快要没有零件的工序后马上为其补充零件的做法。这与在某个区域巡回的出租车很相似，所以被称作出租车搬运方式。

4. 换乘搬运方式

驾驶员在用卡车运送货物时，在货物装卸的过程中，卡车一般都处于非运转状态。这样，我们把搬运和装卸货物的作业分离开来，当卡车到达目的地后，驾驶员已经换乘了装卸完毕的另一辆卡车，又开始进行下一轮的搬运。这是一种最大限度地活用驾驶技术的方法，也可以有效地利用卡车。

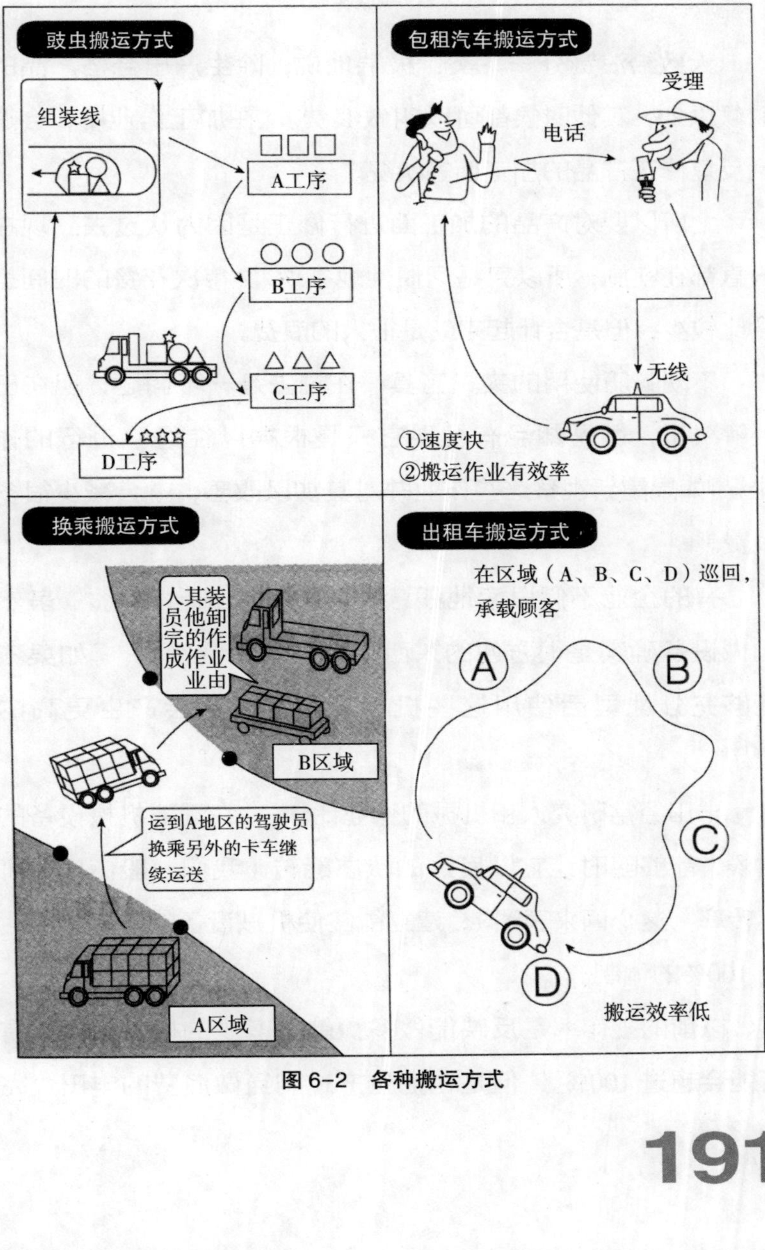

图 6-2　各种搬运方式

4　不要忽视加工中的浪费

大致给浪费分一下类，极端地说，除生产出合格产品的时候以外，其他时候都可以叫做浪费。 在加工作业中，会遇到反复修正产品的加工面等状况。

之所以要对产品的加工面进行修正是因为从过去到现在一直都在实施，所以只是习惯性地去做。 每次花费的时间虽然比较少，但是合计起来就是很大的浪费。

不动脑筋使用的夹具工具，在过去是一个问题，现在已经解决了，但是却没有发现它只是根据以往经验进行的作业。 如果重新观察这些作业并对其加以改善，就会减少很多浪费。

有的企业不假思索地任意推行机械化和自动化。 虽然机械设备确实是很方便的东西，但是要花费费用。 如果不能够充分地灵活使用这些机械设备，反而会产生更高的费用。

丰田经常研究人和机械的作业比例。 在需要机械设备的时候，能够随时让它以良好的状态运转（我们一般使用“可运转率”这个词来表述），建立能够使机械设备的可运转率达到 100%的体制。

以前的工作率是反映能做多少就做多少的指标，因此有可能会超过 100%。 但是在把生产过剩当做浪费的丰田，完成所需求的产品数量后，就会停止机械运转。可运转率是不会超过 100%的。

但是，有时候在再次产生产品需求的时候，因为发生了异常停止和机械故障，不能按照计划进行生产。这样，为了使机械设备维持良好的状态，就需要技术熟练的维修人员。

◆**加工本身的浪费**

重新观察凭以往经验实施的作业	重新考虑生产计划和生产方法
依照过去的习惯一直实施的作业 修正产品加工面、研磨、收尾、涂抹、清洗、修正加工等。 **不动脑筋使用的工具** ①集中正在交互使用的工具 ②为连续性作业开发的专用工具 ③技术日新月异（寻找新素材） **没有目的、茫然而做的记录** ①记录简单明了，明确目的。 ②不断地重复观察，中止记录或简单记录。 ③作为信息，要想办法迅速活用记录（电子文件化）。	①可以进行一个流、小批量生产的生产方法。 ②为此，要缩短更换作业程序的时间。 **重新认识轻松和没有浪费的作业** ①适合站立作业时身高的作业台。 ②在正常作业领域可以作业的计划。 ③屈身、伸手、扭转身体等对于身体来说不费劲的作业。 ④照明的勒克斯管理、温度湿度管理、对会给身体带来不良影响的因素（噪声、异味、振动、粉尘等）的管理。

明确人和机械分开使用的目的	关于机械设备的想法
人 ①人虽然具有应对细微变化的应变能力，但是因为疲劳和疏忽等容易犯错误。 ②人具有思考能力，一旦产生不合格产品或发生异常停止，就会依靠现场主义原则迅速处理问题。 **机械** ①代替人进行工作，非常方便。 ②机械可以均衡地连续实施所规定的作业。 ③难以实现零碎地更换作业程序。 ④能够处理危险、不均衡、环境恶劣的工作。	①引进机械设备时要花费费用。 如果产品规格改变，机械设备老化，机械设备运转寿命不长，就不能收回费用。 ②虽然可以减轻人的工作，但是需要增加维修人员。 ③整理机械设备故障的经历，需要完善可以活用这些经历的体制。 ④需要维持机械设备的正常运转，使其可运转率达到100%。 · 使机械设备故障无限接近零 · 需要技术熟练的维修人员 · 改善也会给维修人员带来很大的方便

5 明确人和机器的作用

在寻找浪费时，必须明确人和机器的作用。比如，人在安装完机器并按下启动按钮后，以后的工作就交给机器完成了。因为机器安装对产品质量影响很大，所以需要人力来进行微调整。

安装完毕后，机器就会为我们加工产品。但是在机器前面进行监视是一种浪费。因此，要尽量做到在加工完毕后，机器会自动停止、自动取出产品。这就需要在机器上事先安装好在加工完毕后或在机器中途发生故障时会发出通知的装置。在自动化水平高的企业，安装也有可能实现自动化。明确人和机器的作用就是指要有效地利用人和机器。对于人，要运用动作经济的原则，彻底清除其动作的浪费。

在此，还要说明一下在下页事例中将要出现的移动的浪费。虽然想让一个人同时控制多台机器，实现省人化，但是因为厂房的建设状况，不能对生产布局进行大幅度的变更和引进皮带输送机，作业人员没有休息时间，忙着在机器之间来回移动。

这时，首先要根据工序对人和机器进行分析。通过分析，就会发现除了移动以外还存在着很大问题。在问题堆积如山的企业，即使不停止机器，也能发现问题。必须从企业上层开始解决现在正在发生的问题。

此次所列举的事例，虽然企业还没有达到可以引进自动化和准时化的生产水平，但是图 6-3 所示的消除浪费的基本思想随处都可以利用。 首先，应该消除工序单位的浪费，为引进丰田生产方式创造一定的环境。

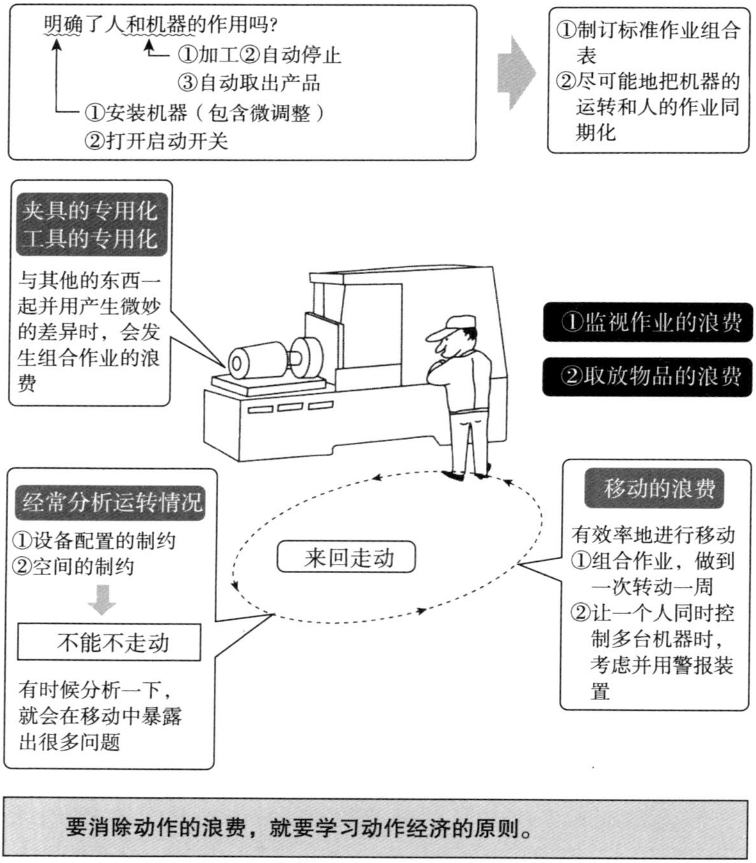

图 6-3　明确人和机器的作用，消除动作浪费

6 为了在射出成形工厂使一人同时控制多台机器成为可能

在一定时间内，比起一个人负责一台机器，一个人负责多台机器可以提高生产效率，许多企业正朝这个方向努力。

H 制作所的改善事例

在 H 制作所的射出成形部门，把作业人员分为 4 组，以 3 班轮流倒方式进行作业。在 M 厂房为 1 组 6 人（班长 1 人、作业人员 5 人），作业内容是把利用射出成形机成形的产品放入箱子，装满后再拿到规定的场所。

把产品放入箱子时，做一下简单的检查（主要是检查产品外观和用眼就能看到的毛病），如果有问题，就在许可修正的范围内调整机器设备。并且，作业人员在实施作业比较困难时，会与班长联系。

作业人员每人负责 3~5 台射出成形机，负责范围如图6-4所示。负责的台数不同是因为产品的种类不同，作业人员所需要耗费的时间也不一样。Ⅰ区域 1 人负责 3 台机器，Ⅱ区域 1 人负责 4 台机器，Ⅲ区域 1 人负责 5 台机器，Ⅳ~Ⅴ区域 1 人负责 5.5 台机器。

为了增加每个人负责的机器台数，试着做了一下 VTR 分析。分析方法就是分析以 B 产品为主的Ⅰ区域和由 A 产品、C 产品组成的Ⅴ区域，让作业人员和班长都观察各项作业，请他们提出意见。

“我们的作业很费劲啊！希望上司能够理解。”“这样移动太多，所以如果改善一下生产布局，或许可以减少一个人。但是，从现状看来似乎有点难办。”像这样的意见非常多。

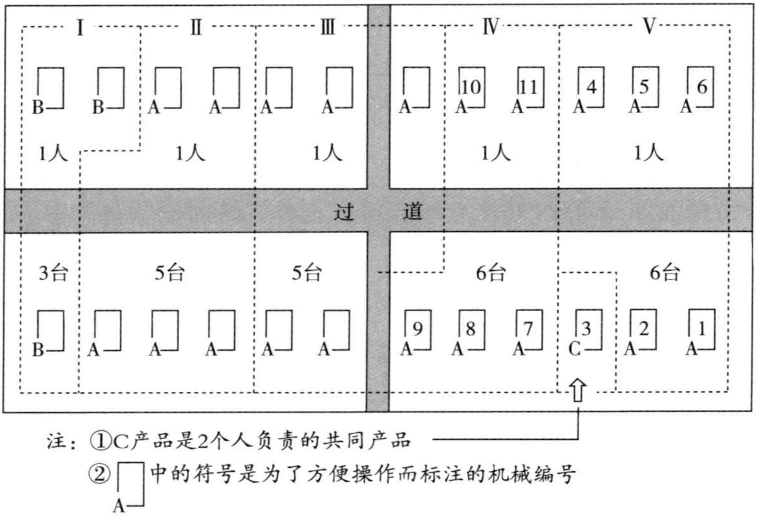

图 6-4 M 厂房的射出成形机配置和作业人员的负责范围

◆简单划分一下产品后可以分为 3 类

A 产品	简单地检查一下从射出成形机里出来的产品，将其放入小箱子里，然后再把小箱子放入瓦楞纸箱里，瓦楞纸箱装满后，将其运到指定的场所。如果在成形过程中发生了问题，就要简单调整一下射出成形机。
B 产品	在 A 产品的作业上再加上如下的作业： ①用钳子将卷线和产品分开的作业； ②把产品并排放入瓦楞纸箱，每放完一层就要放上纸板将层与层之间的作业隔开。
C 产品	A 产品和 B 产品的中间作业。没有用钳子将卷线和产品分开的作业。

7 通过培训使员工能够发现浪费

对于作业人员来说，浪费的作业是指只增加成本、不产生附加价值的作业。 我们知道，在 7 种浪费中，搬运（移动）的浪费和动作的浪费就相当于浪费的作业，而作业人员最先发现的浪费就是移动过多所形成的浪费。

通过 VTR 观察，作业人员确实是在很忙碌地来回移动。在 V 区域，一台机器刚作业一会儿，就从其他机器传来了发生异常的警铃（蜂鸣器）声，然后工人急忙赶往警铃响起的机器。 虽然明白自己的工作忙和产生了移动等浪费，但是却不能发现同时控制多台机器时产生的浪费。 于是，就决定以年轻人为中心实施 IE 教育。 最初，教给他们动作经济的原则，让他们看了一下浪费很多的 I 区域的 VTR，结果得到了 32 项意见。 这些意见包括：

①单手作业过多；

②需要有效利用移动时间（减少移动距离和次数）；

③有时戴手套，有时不带手套，不清楚手套的作用；

④整体动作缓慢，而且每次动作不一样，需要实现动作的标准化等。

笔者将就被抽出的一部分意见作如图 6-5 的解说。

I 区域的 3 台机器采用的是典型的多品种少量生产方式，必须每天更换模具。 因此，虽说组建了以人为中心的生产体制，容易发现浪费了，但是只有通过对人实施培训，才能够更稳妥地发现浪费。

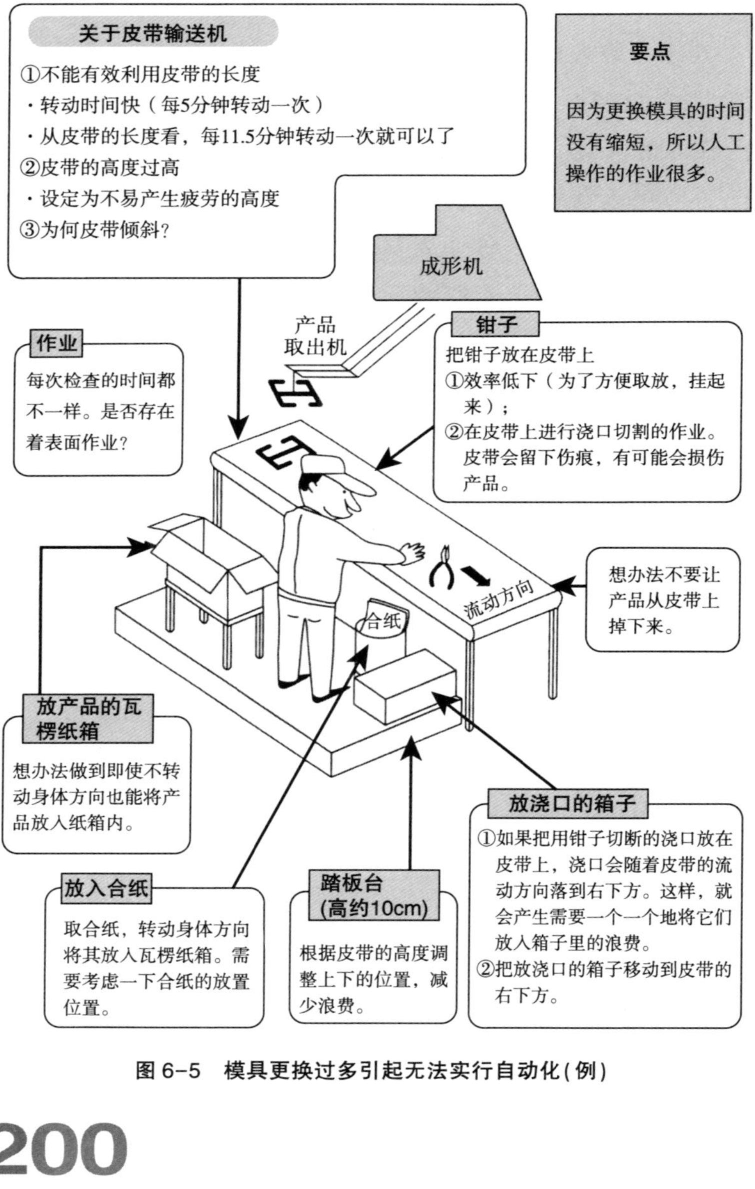

图 6-5　模具更换过多引起无法实行自动化(例)

8 按照标准做法就能发现真正的问题

分析 I 区域，发现除 B 产品外，如果 A 产品的问题比较少，就可以增加 2 台机器，达到 5 台。 但是，如果问题较多，增加 1 台机器都有困难。

在此次讨论中，最强烈的意见就是“移动次数和移动时间是最大的瓶颈，应该从生产布局的改善着手实施”。 只要看一下 VTR，作业人员忙碌地来回移动的样子就会深深地刻在脑海里。

于是，在不能发现 IE 分析要涉及的基本问题时，就从以工序分析程度大的单位开始把握问题点。 图 6-6 作为Ⅱ～V 区域的代表，是以工序分析程度大的单位分析 V 区域的人和机械的动作结果。

横轴是人的移动和机械编号（No.），为 1 号机械到 6 号机械的运转状况。

纵轴是以秒表示当时所需要的时间。 比如，它表示了从 54 分 6 秒开始移动，花了 6 秒钟时间到了 2 号机械，在 2 号机械处作业（检查产品后装箱）17 秒，接着花了 7 秒移动到 4 号机械的过程。

这种分析方法叫做联合作业分析，在调查人和机械的相互关系时发挥作用。 通过分析就能明白，在刚才分析得出的最大的瓶颈工序中的移动次数和移动时间只占全部作业时间的 13%。

我们知道，即使以移动为对象，大幅度地进行生产布局的改善，将移动时间减少一半，也不能减少作业人员。 这只会发生改善生产布局所需的工时数的浪费。 标准是有效率地进行作业的路标。

> **要点**
>
> **人在机械间来回移动时，以工序单位的大小分析现状是很重要的。**

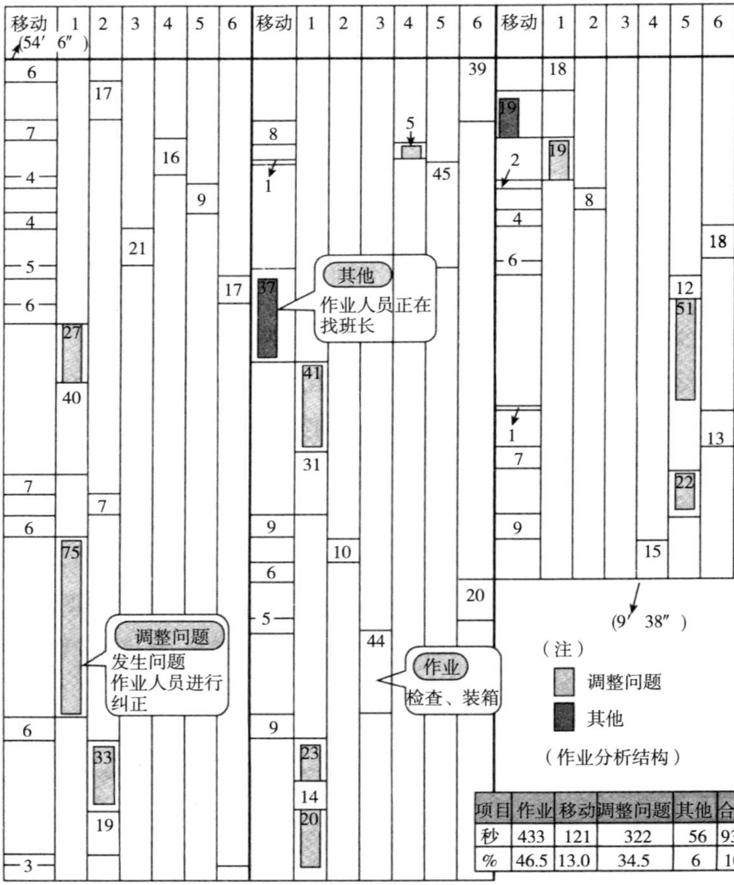

项目	作业	移动	调整问题	其他	合计
秒	433	121	322	56	932
%	46.5	13.0	34.5	6	100

图 6-6　人和机械的分析(工序单位:第 1 次)

9 虽然成功实现了零故障，但为什么不能顺利推进一个人同时控制多台机器

根据图 6-6 的分析，明白了与其费力去减少每道作业都一定会产生的移动，还不如以调整故障（34.5%）和其他作业（6%）为对象（合计约 40%）进行改善的效果大。

“其他作业”发生了两次，第 1 次的 37 秒是因为 5 号机械在作业中响起了通知 1 号机械出现故障的警铃，作业人员去找班长所花费的时间。第 2 次的 19 秒是技术人员赶到现场谈论 1 号机械故障所花费的时间。

总之，如果消除故障调整，就有可能实现零浪费。在此，通过彻底消除不合格产品，改善机械异常停止的状况，成功实现了零故障。

如果对消除不合格产品感兴趣，可以阅读一下有关不良品防止对策方面的书。

因为又发生了其他问题，所以我们请求上级推进一个人负责多台机器的操作方式，而我们决定暂时从一个人负责多台机器的作业上撤退下来。可是，上级却说因为一个人负责多台机器没有太大进展，不能减少作业人员，所以希望我们再看一下。

于是，在第 V 区域分析了与第一次分析相同的作业人员的作业（如图 6-7）。虽然故障已经为零了，但是作业却被大幅度地增加到了 81%。我们请作业人员看了一下第 1 次分析时的 VTR，问他们与第 2 次作业的难易程度的不同之处，他们说：“新产品增加了，在检查判断时需要花费时间。”因为检查的是产品的外观，很大程度上都是依靠感官功能来判

断，所以改善就停止了。

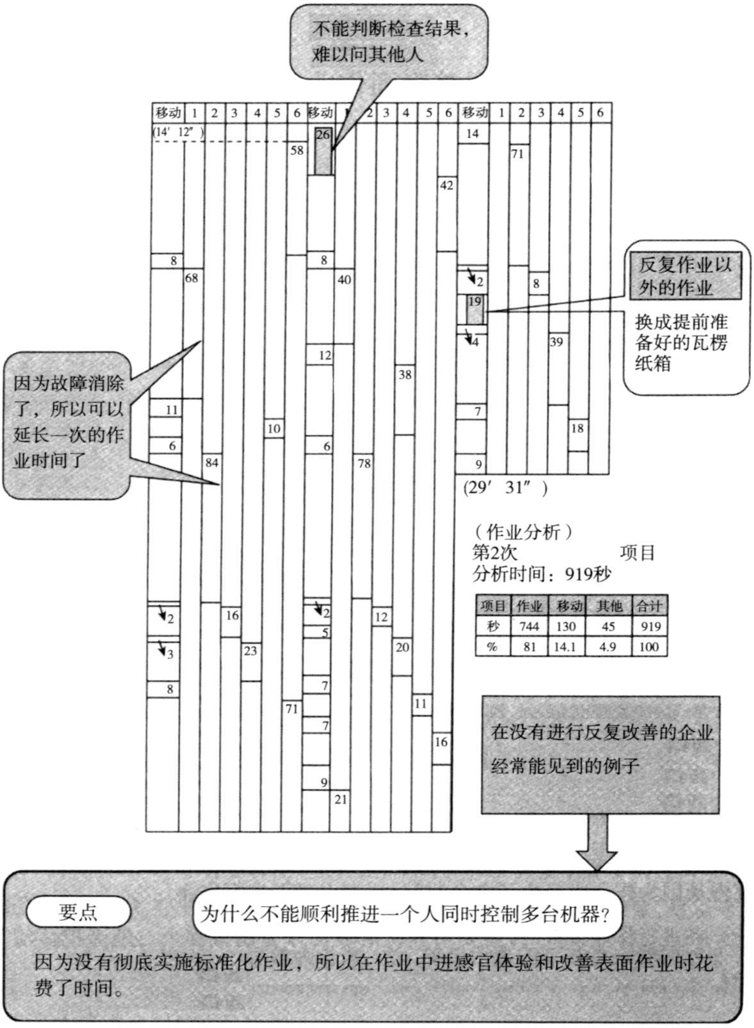

项目	作业	移动	其他	合计
秒	744	130	45	919
%	81	14.1	4.9	100

要点　为什么不能顺利推进一个人同时控制多台机器？

因为没有彻底实施标准化作业，所以在作业中进感官体验和改善表面作业时花费了时间。

图 6-7　人和机械的分析(工序单位:第 2 次)

10 培养不要被表面作业所蒙蔽的观察力

新产品在立项时，要花费比原来正常的作业时间更多的时间是理所当然的事，这涉及对作业熟练程度的掌握，当习惯了作业时，就必须恢复正常的作业速度。

因为新产品生产开始日正好与消除了故障的时期重合，所以即使是习惯了新产品的生产，也不会提高作业速度，如表 6-1 所示，每次的作业时间就增加了 15. 6 秒（作业时间／移动次数：311／20）。因为产生了“感官检验”的判断这一问题，组织内的改善活动不能向前进展了。

于是，试着再次研究了一下第 1 次和第 2 次的 VTR，发现 4 号机械和 6 号机械所生产的产品虽然颜色不一样，但是几乎是在冲压成形相同的产品，所以就决定把两者做一下对比。

4 号机械和 6 号机械的作业时间合计为：第 1 次 138 秒、第 2 次 307 秒；每次的平均作业时间为：第 1 次 19. 7 秒（138／7）、第 2 次 38. 4 秒（307／8）。结果得出虽然生产的是几乎相同的产品，第 2 次的作业时间却差不多是第 1 次的两倍。

从此事例中可以看出，第 2 次作业时，整体作业速度都变慢了。作业速度慢是因为作业中产生了空余时间，从而出现了表面作业。

在进行作业改善时，需要培养认清表面作业的观察力。笔者把认清表面作业的着眼点在下图表示出来，请大家作为参考。

表 6-1　第 1 次与第 2 次作业的差异

	分析时间（秒）	作业时间（秒）	移动时间（秒）	移动次数	浪费时间（秒）
第 2 次	919	744	130	20 次	45
第 1 次	932	433	121	20 次	378
差	-13	311	9	相同	-333
（备注）以上数据是从 VTR 摄影取得的文件中抽取了移动次数为 20 次的作业，将其作为无行为作业分析而得出的结果					

◆**表面作业的着眼点**

①每次作业都不一样。
②左右移动产品。
③作业有时候用一只手操作，有时候用两只手操作。
④有时候戴手套，有时候摘下手套。
⑤准备多于需求数量的零件。
⑥反复进行相同的作业（多次实施一次就能完成的作业）。
⑦动作慢或作业花时间。
（例）取螺丝钉等小零件时，没有动脑筋想办法。
⑧增加了工作。
（例）打扫作业台周围等作业中不需要做的工作。
⑨没有想办法改善不产生附加价值的作业。
（例）在作业中产生了转动身体的作业或移动到其他场所的作业，这些都是不产生任何附加价值的作业。 要使不产生附加价值的作业无限接近零。
⑩检查（监视）作业中有很多表面作业，需要注意。
（例）在那个地方需要检查（监视）作业吗？并且调查了需要的时间吗？
⑪虽然可以使用夹具，但是却用人手去（因为要用一只手去按着，所以不能使用两只手）实施作业。
⑫第 2 类、第 3 类的作业比较多。
⑬没有考虑动作经济的原则。
⑭在搬运中活性指数提高了的产品（0⇒1⇒2⇒3⇒4）又回到了原来的零点（0）。

11 成功实现一人同时控制多台机器和省人化后，作业变轻松了

在此，我们决定按照最初的目的推行一人同时控制多台机器的做法。可是由于曾经经历了轻松的作业，改善起来并不容易。因为第 1 次的作业改善是以故障调整（40.1%）为中心而实施的，所以没有把目标指向动作和生产布局的效率化。

我们决定在第 3 次的作业改善中，让负责改善的人在实践中充分利用已经教过的“动作经济原则”，彻底排除动作的浪费。

改善的结果如图 6-8 所示，1 个人可以同时负责 9.5 台（8 号机械由两个人负责）射出成形机了。虽然比以前增加了 4 台机械，但是用 VTR 观察作业人员的生产状况，发现整体作业出现了富余时间。

最初的 94 秒（斜线部）因为作业人员没有在作业区域内，所以是没有被 VTR 拍摄下来的时间。接着问相关人员，听说在其他作业区域的作业人员已经做好了工作的事前准备。观察图 6-8 以外的作业，发现还有可供增加机械台数的富余时间。

因为此时可以减少 8 个人（2 人/组）了，所以我们决定去做一下调查，向剩下的 16 人（4 组的全部人员）询问实行一个人同时控制多台机器后的结果。回答是因为机械台数增加了，作业没有变化或变轻松的人有 15 人，由此得知一个人同时控制多台机器是有利于作业人员的作业方式，并且被大

家接受了。

成功实现一个人同时控制多台机器和省人化后把24人减少到16人（减少了8人）

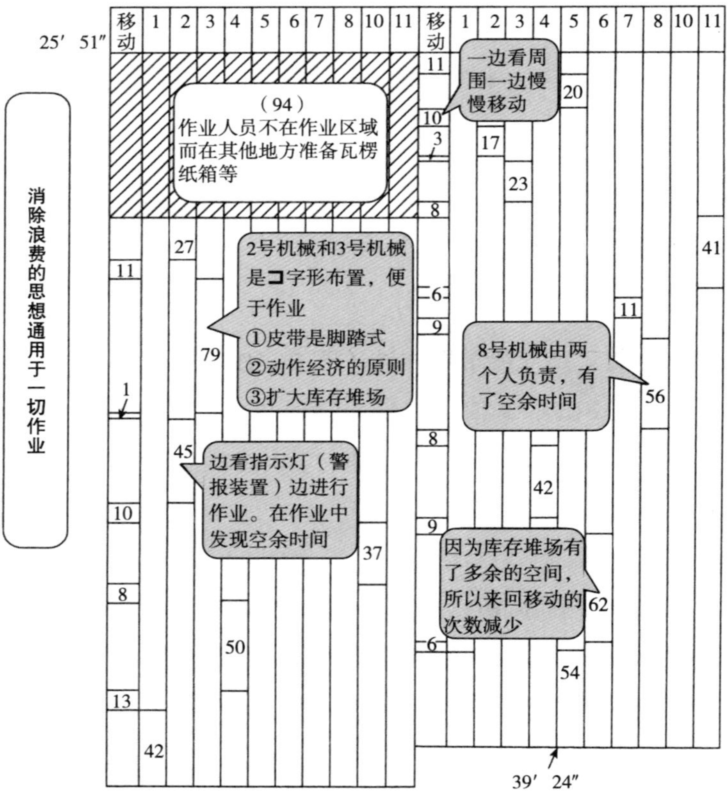

改善的要点

活用丰田的7种浪费、动作经济的原则、可视化等。

作业分析结果　第3次

项目	作业	移动	其他	合计
秒	606	113	94	813
%	74.5	13.9	11.6	100

图 6-8　人和机械的分析（工序单位：第 3 次）

12 一次实施多项作业时的着眼点

第2次作业改善是以故障调整为对象，这点在前文已经说过了。在此，将说明一下第1次到第3次改善的不同点。

比较每次的作业时间和移动时间，如图6-9所示。

第3次改善时，每次的作业时间和移动时间都比第1次和第2次长。作业时间变长并不是因为几次来回移动地进行作业，而是如下的原因。

1. 扩大了库存堆场（放置产品的场所）

（例）把皮带输送机弄成了两段，加长了皮带输送机。

2. 改善了产品的放置方法（图6-10）

（例）缩小了产品间的间隔→把横着放置变成了竖着放置→分成两列放置。

3. 尽量做到用指示灯（警报装置）通知异常故障（图6-11）

（例）绿色（皮带输送机上的产品有富余）、黄色（皮带输送机上的产品有3shot富余）、红色（皮带输送机上的产品有1shot富余）。

4. 想办法减少移动距离和次数（图6-12所示）

作业次数多，每shot成形时间短的产品集中到中央（②、③、④、⑤号机）。

每shot的成形时间：拧紧模具→把原材料放入模具内→冷却→打开模具→产品生产出来的时间。

5. 想出办法一次多搬运点产品

第1次：每次的作业时间是21.7秒（433 ÷ 20=21.65）
　　　　每次的移动时间是6.1秒（12l ÷ 20=6.05）
第2次：每次的作业时间是33.82秒（744 ÷ 22=33.82）
　　　　每次的移动时间是6.5秒（130 ÷ 20=6.5）
第3次：每次的作业时间是43.3秒（606 ÷ 14=43.29）
　　　　每次的移动时间是8.1秒（113 ÷ 14=8.07）

图 6-9　每次作业时间和移动时间的比较

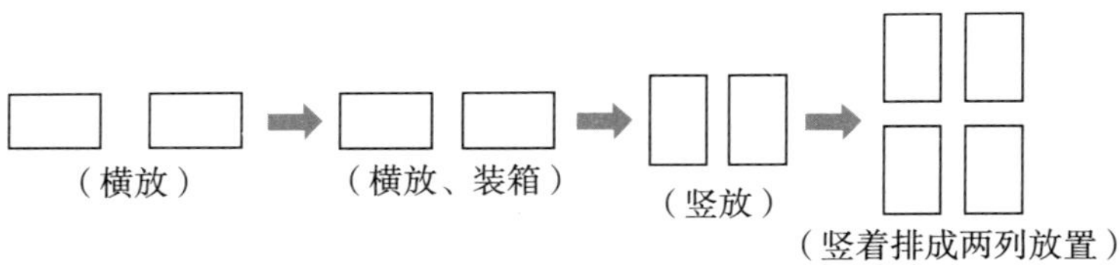

图 6-10　产品的放置方法(在皮带输送机上)

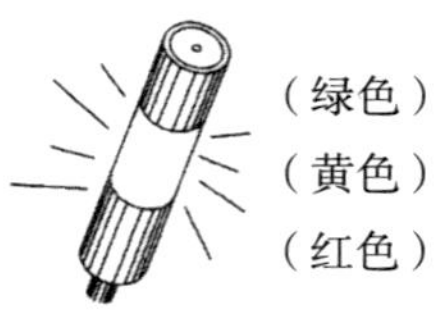

图 6-11　安装指示灯

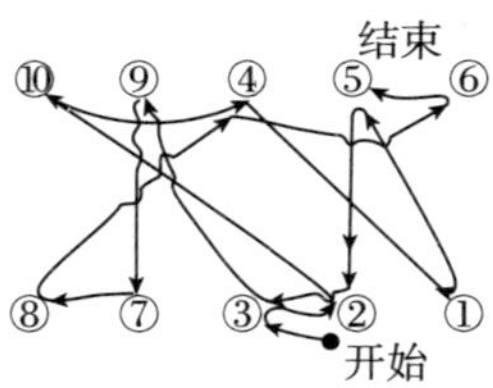

经过②、③、④、⑤号机械的次数比较多

图 6-12　1 个人控制 9.5 台机器的移动路线图

13 理解和活用动作经济原则，作业就会变得轻松

我们在用 VTR 分析第一次作业时，听到作业人员说：“我们这样来来回回地工作，很疲劳，希望加以改善。”

于是，为了尽可能地减少移动步数，在实施上一节改善的同时，又把如下的“动作经济的原则”应用到改善活动中去了。

1. 能够对面作业的成形机进行“コ”字形作业（图 6-13）

可以左右取出产品方式为对面作业，把皮带输送机设置成“コ”字形。 作业人员站在图①的位置进行作业。 用脚踏一下脚踏板，皮带输送机就会运转，可以在固定的位置进行作业。

2. 设置脚踏板（图 6-14）

皮带输送机在出现下 shot 产品之前，就会停止运转。 在作业时，作业人员必须在皮带输送机上的产品和放产品的瓦楞纸箱之间小幅度地移动。 设置脚踏板，就能够在固定位置进行作业了。

3. 可以在正常作业范围进行作业

站立作业的场合，根据身高的差别，作业范围会发生变化。 通常，为了能够在正常的作业范围进行作业，设置了升降机。 因为能够在合适的高度进行作业，所以作业人员的疲

劳感大幅度地降低了。

图 6-13　2 号机与 3 号机相对着进行“コ”字形作业

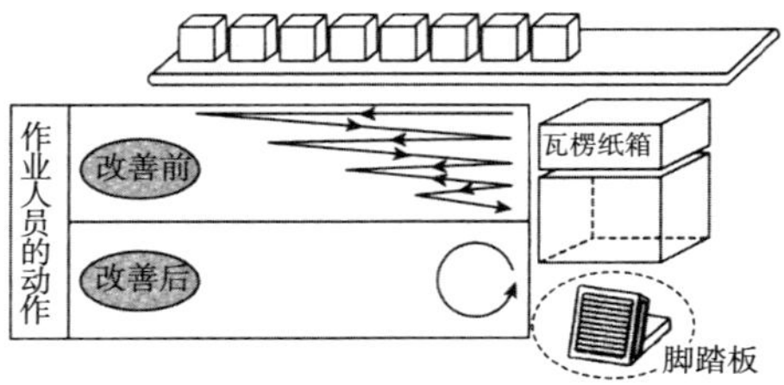

图 6-14　设置脚踏板

图 6-15　正常作业范围内的作业

14　留心照明等细微处

人和机器不一样，人会因为疲劳导致感官功能下降，如此作业质量就会参差不齐（不均衡）。改善作业环境是持续创造优良产品质量的重要因素。

①使用脚踏板可以在固定位置进行作业，钳子挂在皮带输送机上，这样就便于取放了；

②按照作业的流程放置准备品（瓦楞纸箱、合纸）和产品。在需要补充准备品和产品时，为了能够顺利地在作业流程中取出准备品和产品，以作业台的上下空间为中心进行改善；

③工具要尽量地放在一起便于移动，为了更容易使用扳手等工具，对其进行了加工；

④瓦楞纸箱的组合作业，原则上要在进行外部程序更换时实施；

⑤作业中要进行外观检查。

外观检查在很大程度都取决于荧光灯的照明度。无论荧光灯过于明亮还是过于昏暗，眼睛都容易疲劳，这样就不能很好地进行检查。并且，因为产品不同，有时会有很难发现的东西，尽管有的产品需要 2000 勒克斯的照度，但是检查位置的照度一般都为 600 勒克斯。

照度与距离的平方成反比例（图 6-16）。因为荧光灯的位置被固定，所以不能根据产品的需要进行调整。如图6-17

所示，采用了能够调整高度和可以横着移动的荧光灯设备，所以能够彻底实施照明管理。

在进行以上的改善活动时，并不是一开始就瞄准了整体，而是从可以改善的部分开始着手实施改善。

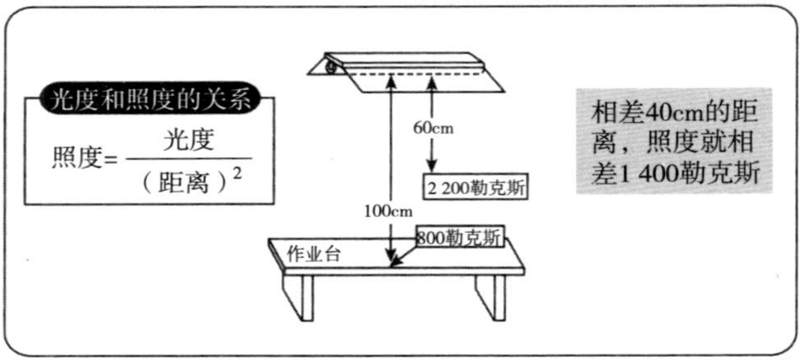

图 6-16　光度与照度的关系

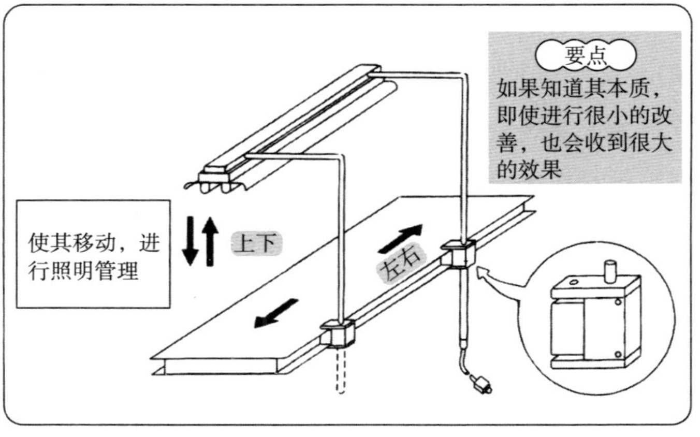

图 6-17　可变式荧光灯的设置

专栏 9

通过工序分析看高尔夫

笔者将以工序分析单位分析一下 4 人高尔夫。

运用工序分析法，4 人高尔夫可以分为作业（打球、击球）、移动（步行）、检查（读草纹和线、看球洞的布局、确定较高球座的位置）和停滞（等待）。

要长时间地分析 4 人高尔夫的游戏，运用工作抽样法比较合适。在把球放在较高的球座时，读线条等检查作业均为附属作业。把作业和检查并为一个项目，整理一下打高尔夫的过程，就成了“打球”、“步行”、“等待”这 3 个项目。

分析得到的结果是打球（19%）、步行（44%）、等待（37%）。高尔夫这一体育运动，81%都是在步行和等待，也有的人可能会说他在跑，但是，这也被包含在“步行”里了。

如果顾客在打球时追求商品价值，可以说这是附加价值极其低的商品。如果把步行考虑成是在维持健康，那么其价值就会升高，但是还有37%的等待。

虽说是在等待，但是有“打球的人进入场所静静地守候”等各种各样的礼节。若是生产，就要改善“等待的浪费”，必须使其接近零。但是这些礼节可能也是一种享受。

只是，对于长期从事生产现场改善的笔者来说，想的是如果改善“等待”和“步行”，高尔夫会变成什么样的体育运动呢？

第 7 章 通过时间分析改善流水作业方式

· 如果对有余力的作业人员或生产线放任不管,那么作业人员或生产线一定会继续作业。这样的话,浪费就会被隐藏。

——大野耐一

丰田汽车工业副社长　昭和五十年~昭和五十三年

(1975~1978 年)

1　一切的浪费都是待工产生的浪费

让我们来看一下 30 秒就能生产一个产品、由 5 个人组成的组装生产线的作业。 作业人员都忙着作业，如果没有即使一秒钟也不能浪费这一强烈的改善念头，就不能发现在什么地方产生了浪费。

在反复作业中，假设通过改善可以将生产一个产品的时间缩短 2 秒，如图 7-1 所示，每人 1 年就可以多进行 18.6 天的工作。 要做到这样，就需要以秒为单位细微看问题的方法。

人使用机器作业时，产品虽然正在机器中被加工，但是有的作业人员却一直在机器的前面一动不动地等待。 其实即使作业人员不看，机械也在照样运转，所以监视作业就成了停工等活的浪费。

此时，如果机器发生异常状况，还是需要作业人员的。但是如果建立起了通过传感器等通知异常状况的生产结构体系，就不需要作业人员了。

另一方面，在发生异常停止和欠缺材料时，生产线就会停止。 作业人员手头上没有了活，不能一动不动地待着，就进行了多余的作业。 丰田生产方式认为这是一种生产过剩的浪费，是不好的。

特别是因为停工等活时做了其他作业和表面作业，一些很明显的问题也被隐藏起来不能被人发现，使改善迟延。 有句话叫做“条条大路通罗马”，与此类似，可以说“一切的浪费都是待工产生的浪费”。不能发现浪费的时候，可以试着将其转换成待工的浪费。

1. 以秒为单位细微看问题的方法

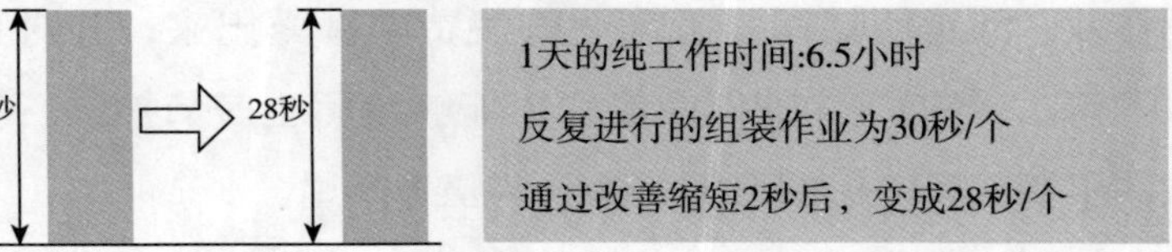

图 7-1　时间的改善

①1天的生产量=（6.5小时 × 60分 × 60秒）÷ 30秒 / 个=780个

②改善后1天的生产量=23 400秒 ÷ 28秒 / 个=836个

③改善后1天增加的生产量=835个−780个=55个

④每年增加的生产量=55个 × 22天 × 12个月=14 520个

相当于改善前18.6天的生产量

2. 监视作业的浪费

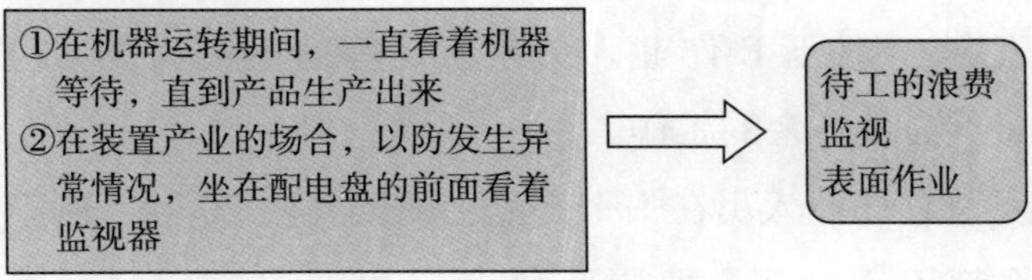

图 7-2　监视的浪费

3. 在生产线上待工的浪费很明显

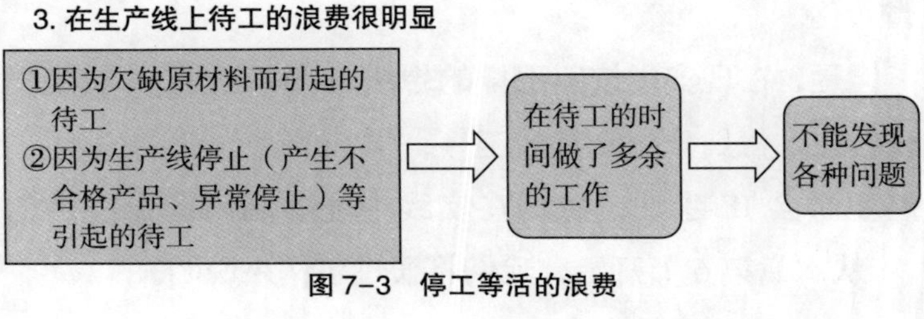

图 7-3　停工等活的浪费

2 生产节拍和生产线平衡的想法

丰田生产方式的优秀之处在于决不放任多余的作业和表面作业，而是使其在停工等活的浪费中暴露出来，并对其加以改善。 各道工序的作业量如果能够按照生产节拍进行就能取得平衡，可以根据看板的指示调整生产量。

如图 7-5 所示，生产节拍是 50 秒时，将 E 的工作分割后分配给其他工序，进行作业改善，缩短作业时间。 这与传统的 IE 手法一样。

只是，IE 手法的特点在于尽可能地平均分配各道工序上作业人员不平衡的作业量，提高每个产品的生产速度和生产数量。

另一方面，为了推进生产节拍，尽可能地使前道工序的作业人员的作业量接近生产节拍，被缩短的时间就集中到最后的工序。 对于 E 作业人员来说，等待的时间增加了，但是，却不会做多余的工作。

因为 E 作业人员在一个产品上需要花费 20 秒，剩下的 30 秒什么都不用做了，所以整体就产生了必须做点什么的想法。 于是就一个劲地去发现问题点，对其加以改善，最终实现省人化。

但是，在现实中按照那样的想法是行不通的。 首先需要细分作业，将其分配给其他工序，学习改善作业的技术。 这就需要学会 IE 手法，做到在实践中能够活用动作经济的原则。 从本章第 6 节开始，我们将通过事例来说明。

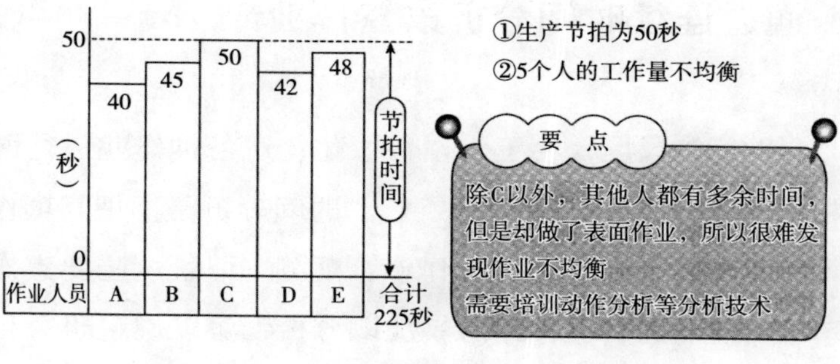

图 7-4　生产节拍与生产线平衡改善前的关系

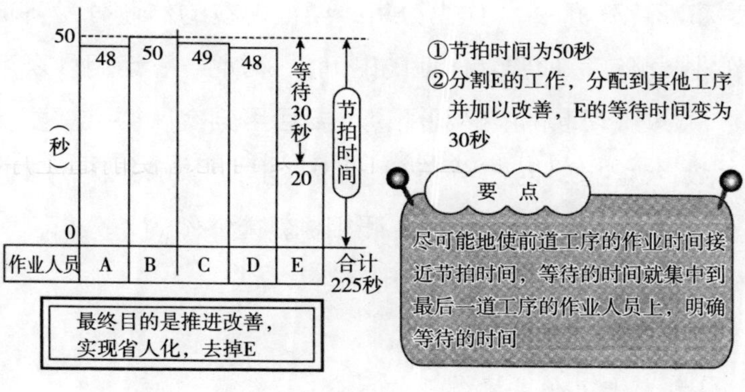

图 7-5　生产节拍与生产线平衡改善后的关系

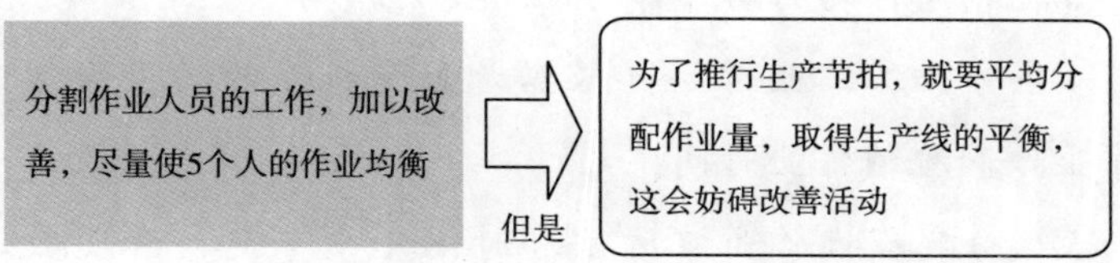

图 7-6　IE 中的生产线平衡

3 通过连续时间分析改善作业

以时间为尺度，将工作量数值化，对各种作业进行时间分析，发现问题点，并加以改善。时间分析是指把某项作业分为细小的要素作业或单位作业，观测、记录这些要素作业或单位作业的时间值，并对其加以分析，可以说是研究和改善作业方法、作业条件、作业环境的手法。

时间分析的种类根据测量时间用的工具大致可以分为秒表法和影片分析法。作为分析，要把现在的作业分为各项要素作业，测定每项要素作业的时间。测定一般运用秒表观察法。通过练习谁都能够观测，可要活用到实践中，需要花费工时数。但是，随着分析仪器的进步，分析变得逐渐容易了。运用市面上销售的VTR照相机就能够做简单分析，可以将分析过程和结果有效地活用到实践中去。

要素作业分解要点：

①明确与其他要素作业的区分；

②根据目的确定可观测范围和程度；

③把相同目的的动作作为一个要素结构；

④区分手工作业时间（根据是否受机械的约束来区分手工作业）和机械作业时间；

⑤区分定数性作业（方法和时间几乎一定）和变数性作业（要素作业的时间因为材料的不同等而发生变化）；

⑥区分周期内作业和周期外作业。

表 7-1 要素作业分析方法

	秒表分析	VTR 分析
①	测定尺度：1／100 分或 1／60 分的刻度 在进行 VTR 分析时，不要忘了插入秒	
②	观测次数：进行 3~10 次的连续时间分析	
③	工具	
	观测板、铅笔（H 或 HB）	想办法不要让画面晃动，利用三脚架等
④	观测方法	
	·站在能够看到作业的位置 ·站在不妨碍作业的位置 ·让作业人员的动作部分、秒表和眼睛保持在一条直线上	·明确目的，尽量不要使对象物偏离画面 ·想办法应对难以摄影的对象，如比较宽阔的范围和精密作业等 ·使用 2~3 台 VTR，立体捕捉影像 ·是自动还是手动拍摄

表 7-2 观测结果分析时的要点

	秒表分析	VTR 分析
①	向作业人员充分说明观测的目的，请求他们合作以求能得到好的结果	
②	要确认作业的状况以及内容是否正常（在不稳定时，最好避开新上马的作业项目）	
③	要进行数个周期观察直到充分理解作业的内容	
④	要素作业的区分方法	
	要尽可能地区分观测时间	可以在摄影后区分
⑤	记录要素时间的读取时间方法	
	在观测时作瞬时记录	可以在摄影后慢慢播放
⑥	要确定各项要素作业时间的时间代表值（除去异常值求取平均值……用于改善研究）	
⑦	要选择合作性的作业人员和技术熟练的作业人员。 特别是在进行 VTR 作业时，作业人员容易意识过度，所以必须注意	

4 时间分析的具体事例

在此，我们将通过比较容易的 VTR 分析说明一下时间分析的具体事例。

1. 用于摄影后的分析用纸

用于摄影后的分析用纸有各种各样的样式。 大致给这些分析样式分一下类，可以分为如表 7-3 和表 7-4 所示的周期作业用纸和非周期作业用纸。 可以制订适合自己公司的分析用纸。

2. 观测要素作业时的步骤

①明确分析对象；

②确定对象作业和对象作业人员；

③备好观测用纸等，准备分析；

④通过预备调查分解要素作业；

⑤确定观测次数；

⑥实施观测。

在实行 VTR 分析时，在一定程度上瞄准某个关键点就可以分析了，所以①和②很重要。

3. 进行 VTR 时的分析记录和整理方法

我们将以图示所表示的最终工序（检查、装箱、制造零部件）的事例，说明分析记录的方法。

①进行 VTR 分析时，从区分要素作业开始；

②读取要素作业的测定点（区分点）的时刻，按顺序记

录。区分点的目标以作业变化处为中心。在浪费看起来多的地方，要进一步细分；

③将读取的时刻写入分析用纸的“读取记号”栏。

表 7-3 周期作业分析用纸

<table>
<tr><td>产品</td><td colspan="7"></td><td colspan="2">制作年月日</td><td colspan="2"></td></tr>
<tr><td>工序名称</td><td colspan="7"></td><td colspan="2">制作人</td><td colspan="2"></td></tr>
<tr><td rowspan="2">No.</td><td rowspan="2">周期
要素作业</td><td colspan="2">第 1 次</td><td colspan="2">第 2 次</td><td colspan="2">第 3 次</td><td rowspan="2">合计</td><td rowspan="2">平均</td><td rowspan="2" colspan="2">改善的要点</td></tr>
<tr><td>读取</td><td>个别</td><td>读取</td><td>个别</td><td>读取</td><td>个别</td></tr>
<tr><td></td><td></td><td></td><td></td><td></td><td></td><td></td><td></td><td></td><td></td><td colspan="2"></td></tr>
<tr><td></td><td></td><td></td><td></td><td></td><td></td><td></td><td></td><td></td><td></td><td colspan="2"></td></tr>
<tr><td></td><td></td><td></td><td></td><td></td><td></td><td></td><td></td><td></td><td></td><td colspan="2"></td></tr>
</table>

要 点

①反复进行三次，对于分析不充分的作业对象，可以增加分析次数；

②把完成1个周期需要花费1小时以上的作业分解为要素作业后进行分析是不切实际的。

表 7-4 非周期作业分析用纸

<table>
<tr><td>产品</td><td colspan="3"></td><td>制作年月日</td><td></td></tr>
<tr><td>工序名称</td><td colspan="3"></td><td>制作人</td><td></td></tr>
<tr><td>No.</td><td>要素作业</td><td>读取</td><td>个别</td><td colspan="2">改善的要点</td></tr>
<tr><td></td><td></td><td></td><td></td><td colspan="2"></td></tr>
<tr><td></td><td></td><td></td><td></td><td colspan="2"></td></tr>
<tr><td></td><td></td><td></td><td></td><td colspan="2"></td></tr>
<tr><td></td><td></td><td></td><td></td><td colspan="2"></td></tr>
<tr><td></td><td></td><td></td><td></td><td colspan="2"></td></tr>
</table>

注：在左侧的“读取时间”栏里记录各项要素作业的时刻。

把记录的各项要素作业的时刻进行整理后写入右侧的“个别时间”栏里。

5　时间分析的记录方法

时间分析的记录要领如下：

（1）分位与前面的要素作业相同的场合，可以省略分位。

（例） 检查产品将其放入塑料袋（50′50″⇒50）

（2）跨越不同分单位的要素作业的记录时间一定要从分位开始记录。

（例） 把合纸（苯乙烯板和板纸）放入箱子内（0″⇒51′0）

（3）观测中，有与事故和通常的周期不一样的动作时，记录的时间一定不要忘了分位。

（例） 研究样品（45″⇒53′45）

（4）在作业的每个周期的开头和结尾，必须加上分位（如果是时间很短的周期，因为在 VTR 中已经被记录了，所以不需要加上分位）。

（5）在记录不规则的要素作业的时间时，一定要加上分位。

（例） 修正蓄电池接头（14″⇒53′14）

（6）如果发生了不规则的要素作业时，每次都要将要素作业的名称记录在空白的预备栏里面，并且要根据对应的规则性的要素作业的读取时间和这个不规则的要素作业的读取时间，分别为其加上记号（ * 、△等），弄清它们的关系。

（例） △53′29 和△53′45 在通常作业中是不会产生的，所以管理人员要求提交样品。

（7）即使是不规则的要素作业，对于不能测定的部分，也要把其要素作业写入分析用纸的空白处，在读取时间栏里做上可以明白的记号。

（例） 零件掉在地板上时记入“掉”。

（8）在省略规则要素作业时，事先在读取栏里写入“↓”。

（9）因为某些故障不能记录时，事先在要素作业的读取栏里面记入“M（miss）”。

（10）要素作业是反复进行的细微动作，并且需要事先知道其细微动作的次数时，利用读取时间栏记录其次数。因为能够通过 VTR 反复观测要素作业，所以以秒为单位将其一个一个地记录下来。很多时候还可以从不均衡的作业中发现需要改善的问题。

（例） 用正字表示次数时（正正……）

表 7-5 连续时间分析（组装最终生产线分析记录）

产品名称	业务用蓄电池盒					制作日期		H.××·××·××			
工序名称	最终收尾工序、准备用的接线柱的高的检查					制作人		○○○○○			
No.	周期 / 要素作业	第 1 次		第 2 次		第 3 次		第 4 次		第 5 次	
		读取	个别	读取	个别	读取	个别	读取	个别	读取	个别
1	从皮带上取产品	50′38		41	1	59		M		＊6	1

(续表)

产品名称	业务用蓄电池盒	制作日期	H. ××·××·××
工序名称	最终收尾工序、准备用的接线柱的高的检查	制作人	○○○○○

No.	周期 / 要素作业	第1次		第2次		第3次		第4次		第5次	
		读取	个别	读取	个别	读取	个别	读取	个别	读取	个别
2	检查产品后将其放入塑料袋	50	12	M		52′10	11	53′0		24	4
3	把放入塑料袋的产品放入瓦楞纸箱	55	5	M		13	3	5	5	△29	5
4	把合纸(S)放入箱子里	56	1	↓		↓		↓		↓	
5	把合纸(S和板纸)放入箱子里	51′0	4	↓		↓		↓		↓	
6	蓄电池检查接线柱的高#1	7	7			19	6				
7	蓄电池检查接线柱的高#2	9	2			23	4				
8	蓄电池检查接线柱的高#3	14	5			28	5				
9	蓄电池检查接线柱的高#4	29	15			31	3				
10	蓄电池检查接线柱的高#5	掉				34	3				
11	蓄电池检查接线柱的高#6	37				40	6				
12	蓄电池检查接线柱的高#7	40	3			43	3				
13	蓄电池检查接线柱的高#8					M					
14											
15	检查后开始修正								53′14		8
16	修正结束								20		6
17	研究样品								53′45		16

6 改善 6 个人在工序中的流水作业方式

6 个人组装业务用的蓄电池盒，若价格便宜，利润是很难被提高的。因为临时工多，所以有时候在下午 4 点以后就必须由 5 个人组装，此时，生产量急剧下降。于是，就决定用生产线平衡分析法试着进行改善。

业务用蓄电池盒的组装作业的工序 1 概要说明

（工序 1）

①从箱子里取出蓄电池盒，然后从塑料袋里拿出蓄电池盒身，对其进行外观检查，将其放在皮带上。从塑料袋里取出剩下的顶盖，进行外观检查，插入按压式按钮（打开顶盖时按的按钮）；

②组装万向接头（蓄电池盒身和顶盖接合的部分）将其插入顶盖里，固定万向接头的螺钉（两处），然后用黏合剂紧固螺钉；

③在顶盖的里侧贴上胶垫。

表 7-6 是将工序 1 分解成要素作业，对其周期作业做了 3 次分析的结果。

如果不能发现浪费的人，把工序的作业分解成要素作业，反复分析 3~5 次，就能发现以前不能发现的由等活的浪费引起的表面作业。

在第 2 次和第 3 次有 8 秒的差，在各项要素作业间保证 2

秒的差是改善的着眼点。

表 7-6　反复进行作业的时间分析

产品名称	业务用蓄电池盒								
工序名称	工序 1（取出产品、安装零件）								
No.	周期 / 要素作业	第 1 次		第 2 次		第 3 次		合计	平均
		读取	个别	读取	个别	读取	个别		
		2′41″							
1	从箱中取出产品	45	4	24	1	9	1	6	2
2	从塑料袋里取出最初产品	47	2	26	2	11	2	6	2
3	检查主要部分放在皮带上	50	3	31	5	16	5	13	4. 3
4	从塑料袋里取出剩下的产品	502	2	34	3	18	2	7	2. 3
5	外观检查	55	3	37	3	20	2	8	2. 7
6	插入按压式按钮	58	3	39	2	22	2	7	2. 3
7	组装并插放万向接头	3′02	4	45	6	26	4	14	4. 7
8	把顶盒移到前方	4	2	46	1	28	2	5	1. 7
9	固定螺钉（第 1 个）	6	2	19	3	30	2	7	2. 3
10	固定螺钉（第 2 个）	9	3	51	2	33	3	8	2. 7
11	在作业台上移动顶盒	11	2	53	2	34	1	5	1. 7
12	贴上胶垫	16	5	4′1	8	39	5	18	6
13	检查后移动顶盒	17	1	4	3	41	2	6	2
14	用黏合剂紧固螺钉	22	5	7	3	44	3	11	3. 7
15	把顶盒放在皮带上	23	1	8	1	45	1	3	4
	合计		42		45		37	124	41. 4
备注	产品是指塑料袋中的蓄电池身（最初）和顶盒（剩下的）。 从箱中取出产品时，每取 5 个产品就取 1 次合纸								

7　零部件图中包含改善的灵感

要实现生产线平衡，首先要考虑各道工序的工作的再分配状况，接着再对各道工序进行改善。 但是如果不习惯作业，就不能找到改善的关键点。

虽然一直都在努力，但是直到慢慢习惯了作业，还是为现有的作业而忙得晕头转向，最终结果是在取得成果之前就放弃了。 此时，试着画一下如图 7-7 所示的产品零件略图。

为了有效率地推进改善，应该事先知道一定的原则。 将这些原则大致分一下类，由（追求目的的原则）⇒（选择和排除的原则）⇒（优化的原则）这 3 个步骤组成。

1. 追求目的的原则

设定最终目的。 在具体的目的中，必须包含“迅速、廉价、安全、轻松地制造出优良产品”这一基本思想。

明确了目的后，抱有“为什么要这样做”这一疑问是很重要的。 有必要研究一下在可以达到目的的诸多做法中，为什么要选择现在的做法。

2. 选择和排除的原则

为了达到目的，试着去改善现在的做法。 需要的部分就继续，不需要的部分就废除。 即使需要，也要研究一下是否有其他更好的做法，如果有的话，就采用更好的做法。

此时，重要的就是不要认为现在的做法是理所当然的。 比如，17 和 18 即使是相同的螺钉，也有大号和中号之分，装螺钉的箱子也被分开了，这样会妨碍作业的顺利进行，正确方法是根据其功能用同样大小的螺钉。

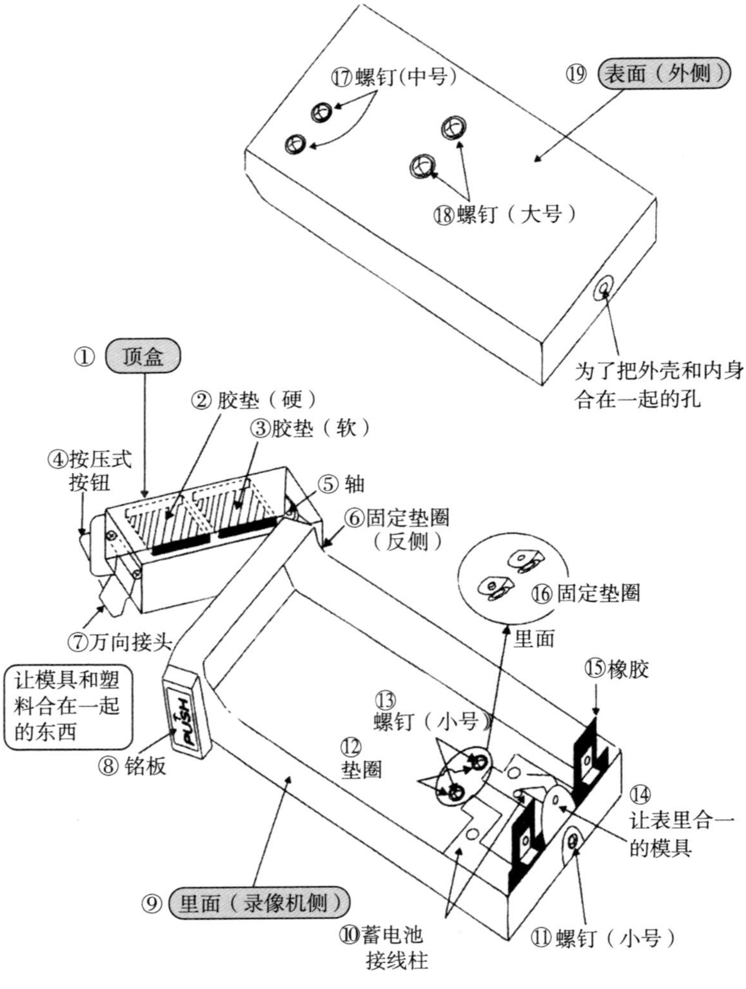

图 7-7　业务用蓄电池盒略图

8　改善首先要活用规则

优化的原则

根据追求目的原则和选择、排除的原则找出问题点后，想想有没有更好的方法。这时，只是没有目的地胡乱思考是不会有效率的。作为改善的构思，要活用 9 个基本规则。构思的规则是把基本想法引向更好的改善之路的路标。

如果认为自己的想法是理所当然的，就不能提出更好的改善方案。比如，有“正和反”这一构思，即反过来看一下，就会产生完全不同的想法。一般是不会这样来构思的，但是因为大野耐一大胆的设想，随处都会产生这样的构思。

丰田生产方式中运用工具“看板”的启示就来源于超市，后道工序向前道工序发出生产指示就是将通常的物流倒过来看的典型例子。

“结合和分割”是指把原本功能不同的东西合并在一起，以及把以前被合并为一个东西的东西分开。

远近两用眼镜就是把功能完全不同的东西合为一个东西的事例。这样，就节省了以前换着戴两个眼镜所花费的时间，不仅效率提高了，而且可以防止忘记使用和因为更换眼镜所引起的麻烦。

构思越多越好，请逐一试用 9 种改善的构思。

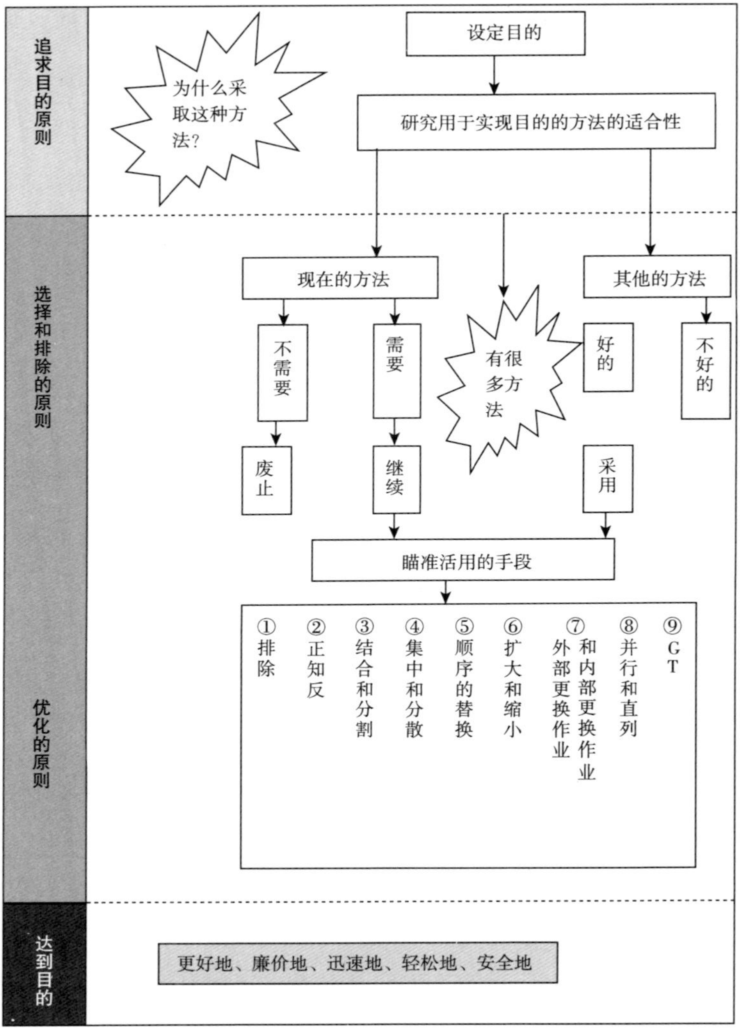

图 7-8 改善方案构思步骤

9 VIR 分析令人不可思议，能够比瓶颈工序更快生产出产品

决定从第 1 道工序到第 6 道工序，依次对 6 道工序的作业进行 VTR 分析，调查生产线平衡状况。 在各道工序都是 1 人作业，因为是单纯的周期作业，所以把各道工序的作业用 VTR 摄像机各拍摄 3 次，然后对各道工序的作业状况进行分析。

各道工序 3 次所花费的平均时间小数点后四舍五入分别如下：

1 工序（42 秒）、2 工序（44 秒）、3 工序（48 秒）

4 工序（42 秒）、5 工序（57 秒）、6 工序（50 秒）

只是从分析来看，瓶颈工序是第 5 道工序，作业时间为 57 秒。 但是，这天的产出速度（pitch time 可以产出一个产品的时间）为 49 秒。

第 5、6 道工序的作业时间之所以比产出速度（pitch time）长，是因为产品没有很好地流动，在半成品被领取后到将其放到皮带上的 1 个周期中，产生了表面作业。

分析人员在说明“希望像平常一样进行作业”之后，就开始展开分析。 用 VTR 摄像机进行拍摄作业，发现作业速度确实变快了。 但是，向后一道工序继续前进，前道工序中速度快的作业相反变慢了。 因为半成品没有流动，所以表面作业增加是徒劳的。

如果想知道纯粹的作业时间，从分析时间中减去表面作业的时间即可。

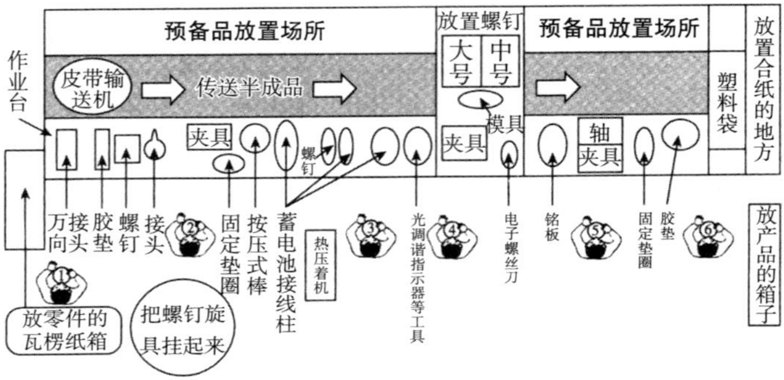

图 7-9　各道工序的作业配置概要

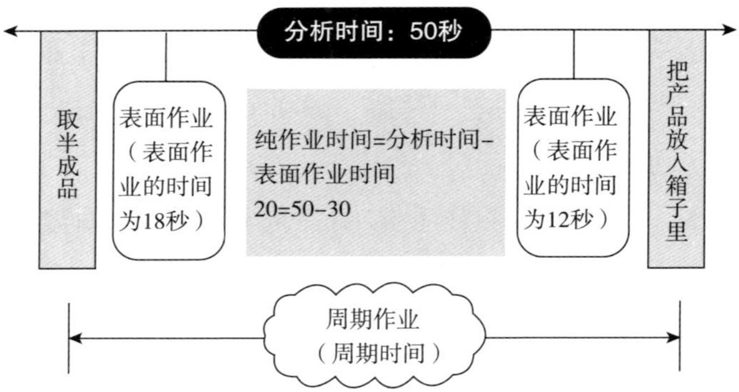

图 7-10　6 道工序的纯作业时间分析事例

10 排除表面作业和不产生附加价值的作业

请日常编制生产线的分析人员进行排除表面作业、不产生附加价值的作业的分析后，算出了纯作业时间，其计算结果如下：

1 工序（36 秒）、2 工序（42 秒）、3 工序（36 秒）

4 工序（25 秒）、5 工序（18 秒）、6 工序（20 秒）

利用这些纯作业时间制订的生产线平衡分析表如图 7-11 所示。因为产出速度（pitch time）为 49 秒，所以一眼就能看出作业浪费多的地方。这里，**产出速度（pitch time）是指问题工序的纯作业时间加上该工序的空余时间。**

改善前的平衡损失率大约为 30%，其他的空余时间也是从第 2 道工序的 7 秒到第 5 道工序的 31 秒，工序 5 的人如果工作 18 秒，有 13 秒都是在进行表面作业。

在研修中让作业人员看一下 VTR，大部分人都不能认清表面作业，工序 5 的人评价说："虽然不熟练，但是却一直都很忙。"

在表面作业中到底有什么样的东西，这在前文已经说明过了。熟悉工作的分析人员从"反复进行相同的作业"的启示中发现，生产粗制滥造的产品作业时间比生产需求产品数量的作业时间还要多，自己分析一下就完全明白了其中的原因。

在理解作业的基础上，再学习一下什么是表面作业，就能够很容易地把握纯作业时间了。

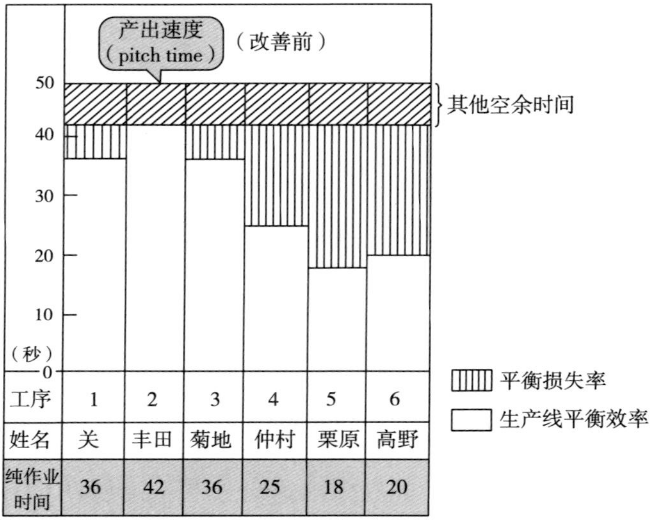

$$\text{生产线平衡效率（\%）}=\frac{\text{各道工序的纯作业时间总和}}{\text{花费时间最长的工序作业时间}\times\text{人数}}\times 100\%$$

$$70.2\%=\frac{36+42+36+25+18+20}{42\times 6}\times 100\%=\frac{177}{252}\times 100\%$$

$$\text{平衡损失率（\%）}=100\%-\text{生产线平衡效率}$$

$$29.8\%=100\%-70.2\%$$

图 7-11　理解表面作业就能了解生产线平衡

11　依照生产线平衡的思想和动作经济的原则，生产率会提高1倍

第一次的作业只是以瓶颈工序为中心，改善了生产线平衡状况，可以预测到生产效率大约提高了30%。第2次作业时，作业人员人数相同，只是更换作业的内容，对发现的地方加以改善，其纯作业时间变成了如下状况：

1工序（30秒）、2工序（26秒）、3工序（26秒）

4工序（33秒）、5工序（26秒）、6工序（20秒）

第2次的平衡损失率大约为18.7%，即使是以生产线平衡为中心，也改善了11.1%。因为产出速度（pitch time）是35秒，所以生产效率提高了29%，基本上得到了预想的结果。

接着，考虑动作经济的原则，以秒为单位进行动作分析，改善后（图7-12），第3次的纯作业时间变成了如下状况：

1工序（19.5秒）、2工序（24秒）、3工序（24秒）

4工序（10.5秒）、5工序（23.5秒）、6工序（19.7秒）

平衡损失率大约为8.9%，20.9%得到了改善。如图7-12所示，产出速度（pitch time）是25秒，生产效率大约变为最初的两倍。似乎只要看见被拍摄进VTR里的作业，就还能发现作业的浪费，也就有进一步改善的余地。

这样，如果知道以秒为单位细致看问题的方法和改善的规则，就能够很容易发现浪费，然后可以运用丰田“7种浪

费”等消除浪费的思想进一步改善。

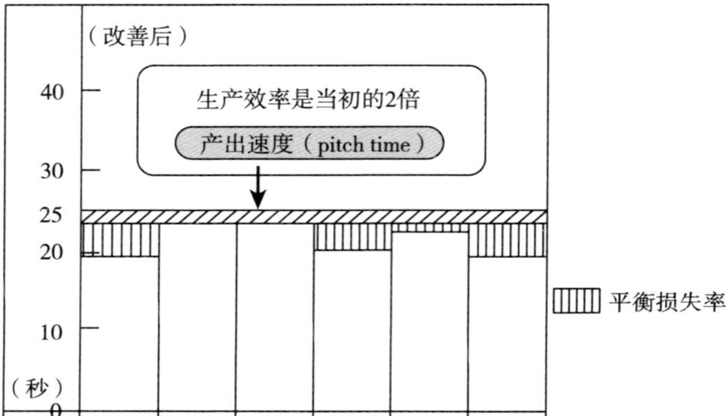

工序	1	2	3	4	5	6
姓名	关	丰田	菊地	仲村	栗原	高野
纯作业时间	19.5	24	24	20.5	23.5	19.7

通过IE中的细致看问题的方法发现浪费，并对其加以改善，以求提高生产效率

↓

考虑丰田的消除浪费的思想“生产过剩的浪费”、“停工等活的浪费”等，抑制生产中的浪费

图 7-12　追求生产线平衡有利于消除浪费

12　不要忽视以秒为单位的改善

在此，笔者将说明一下在种种改善活动中的基本思想的关键点。即使是以秒为单位的作业，在反复进行相同的作业时，也应该试着想办法让其一次完成。

将半成品装入塑料袋中时，为了避免表面涂漆的颜色出现深浅差，把主体部分（蓄电池盒身）和顶盖放在了一起。在第 1 道工序中分两次从塑料袋里取出主体部分和顶盖。

作业人员在从塑料袋里取出主体部分和顶盖时，先取出主体部分，放在皮带的左侧，用皮带传送。接着取出顶盖，进行组装作业后，将其与正在皮带上传送的主体部分放在一起。分两次是因为每次拿出数套的半成品，担心会出现组装颜色深浅不一致的问题。

在开始生产时还可以接受分两次取件的方式。但是，如果连续生产，就会明白可以做到一次取出。如果作业人员有了改善的意识，在数次的作业中就能够进行改善。虽说“企业是由人组成”，但是在没有改善习惯的企业，很多问题都被放任不管了。

反复进行相同作业时，很多改善都包含着人的创意。在万向接头上固定螺钉（两处），再用黏合剂把螺钉紧固，要反复操作两次相同的作业。为了一次完成该项作业，如图7-13所示，需要在黏合剂容器上动一番脑筋。

改善效果是 1.7 秒，每天生产 600 个产品时，就能改善 17 分，缩短工序 1 的时间有利于缩短其他 5 道工序的时间时，就会产生 102 分的多余时间。像这样细小的改善在企业竞争中是不可缺少的。

工序	现状（问题点）	改善和想法
工序1	分两次从塑料袋里取出主体部分和顶盖。 把主体部分放在皮带上，作业的对象为顶盒 **理由：** 在装入塑料袋时，为了避免表面涂漆颜色的深浅之差，把相同的东西放在一起。 顶盒作业完成后，要将其与已经在皮带上流动的主体部分组装在一起，符合 1 个流思想内容	从塑料袋里一次取出主体部分和顶盖 ①即使通过检查、调查，同批产品也没有颜色深浅之差； ②在组装主体部分和顶盖的工序 5 中确认。 **没有按照当初的决定进行改善** 采取对策前（4.3 秒）⇒采取对策后（2 秒） 改善效果：2.3 秒
工序2	反复进行相同的作业，用黏合剂把螺钉紧固 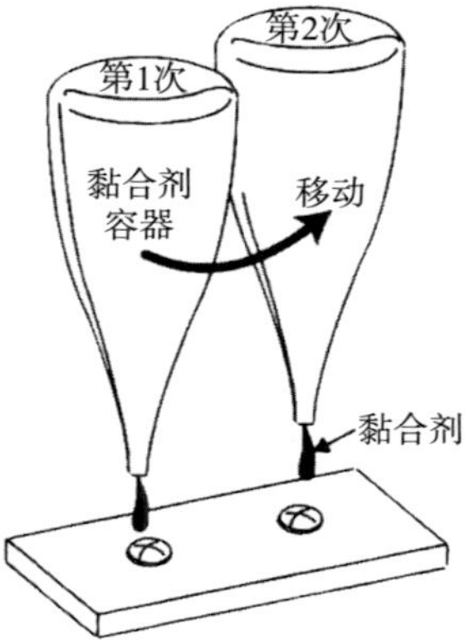	进行改善，使其一次就能完成作业 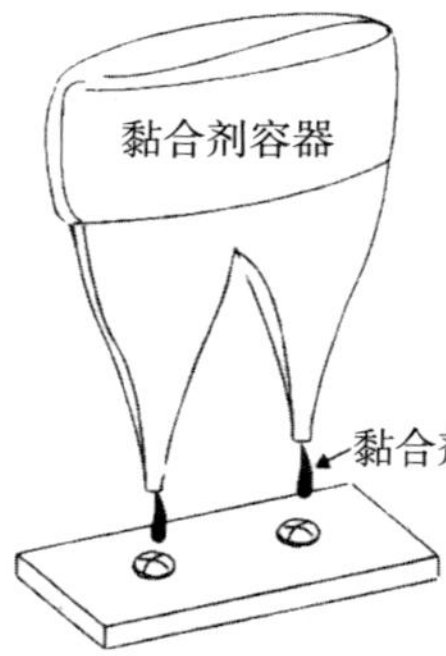 采取对策前（3.7 秒）⇒采取对策后（2 秒） 改善效果：1.7 秒
全部工序	在各道工序实施检查	检查时间的标准化 改善效果：8.2 秒

图 7-13　以秒为单位的改善点

13 活用动作经济的原则，发现要素动作的浪费

虽说要发现浪费，但是对于不认为现在的作业是种浪费的人来说，发现浪费并非轻而易举之事。在此，将以动作经济的原则和要素动作改善为目标来进行说明。

在第4道工序要使用电子螺钉旋具，但是从作业台上取下来用完后要放回原处。如图7-14所示，如果将螺钉旋具吊挂起来，作业完成后放手就可以了，作业变得轻松了，每次还能够节约2秒的时间。

同时，在第4道工序，在夹具上实施了使主体部分合为一体的作业，因为要在离作业台20cm高的地方固定螺钉，所以作业看起来似乎很难，一次不能完成。如图7-14所示制作一个位置固定向导，位置固定了，作业就会变得容易，每次还能缩短1秒的时间。

在第3道工序，用万能墨水在产品的内侧做记号时，要先摘掉笔帽，使用后还要盖好笔帽。如图7-14所示那样，将万能墨水固定在台上，只需要花费取和放的时间，就可以充分地进行作业，每次还能缩短1秒的时间。

这些改善事例都是活用了改善方案构思的步骤、动作经济原则和要素动作改善目标后的成果，是任何人都可以想到的创意。

工序	现状（问题点）	改善和构思
工序4	把电子螺钉旋具放在作业台上 ①取电子螺钉旋具 ②把电子螺钉旋具嵌入螺丝钉（2秒） ③把螺丝钉嵌入产品（2秒） ④放置电子螺钉旋具（1秒）	把电子螺钉旋具吊挂起来 ①取电子螺钉旋具 ②把电子螺钉旋具嵌入螺丝钉（1秒） ③把螺丝钉嵌入产品（2秒） ④放开电子螺钉旋具（0秒） 对策前（5秒）⇒对策后（3秒） 改善效果：2秒
工序4	用左手取螺丝钉将其嵌入产品，用右手去取电子螺钉旋具将其嵌入夹具上 ①在夹具上把螺丝钉嵌入产品（2.5秒） 取螺丝钉时的改善 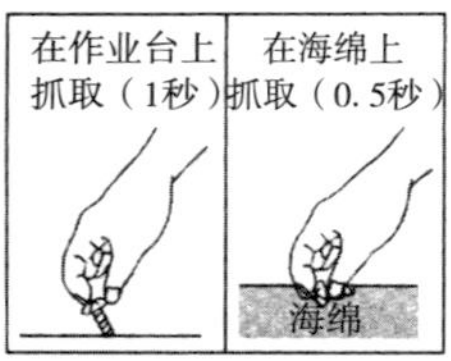	尽可能地将吊挂着的电子螺钉旋具的位置固定在螺丝钉的上方 ①在夹具上用被固定了位置的电子螺钉旋具将螺丝钉嵌入产品（1.5秒） 采取对策前（2.5秒）⇒采取对策后（1.5秒） 改善效果：1.0秒 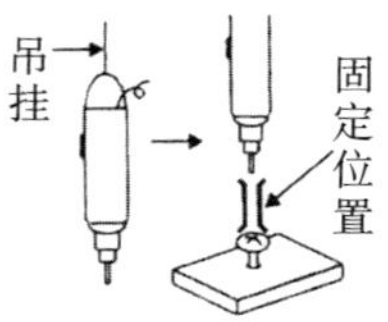
工序3	通电测试后，如果合格就用万能墨水在产品的内侧做记号。此时，摘掉和盖上笔帽的动作需要2秒的时间 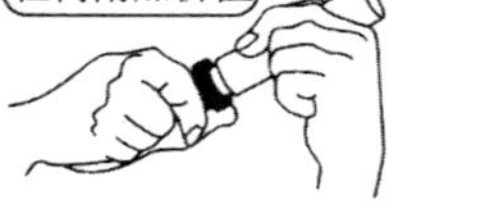	动一下脑筋，按照如下图的方法操作：采取对策前（2秒）⇒采取对策后（1秒） 改善效果：1秒 

图7-14　要素动作改善事例

14 动作的浪费和待工的浪费

在第 3 道工序，把蓄电池盒的主体部分（内盖）放在热压机上，热压着蓄电池的接线柱（两处）。因为热压机是放在旁边的，所以作业人员每次都必须以不方便的姿势转动身体。

在丰田的 7 种浪费中，把不产生附加价值的动作，不合理的作业，效率不高的、难受的姿势和动作都看做“动作的浪费”。当然，转动身体的作业也相当于动作的浪费。

如果把热压机放在皮带上就能解决上述问题，但是因为热压机很重，因而不能直接放置在作业台上。从动作浪费的角度来思考，就应把作业台加固后，再如图 7-15 所示把热压机放在皮带上。

从按下热压机的开始按钮后到热压结束需要花费 6 秒的时间，作业人员也是侧着身子监督着。丰田把“机械加工期间作业人员在一旁监督着、机械故障不能作业、因等待零部件而等待作业”的状态等所有的等待和监视作业都看做“停工等活的浪费”。

于是，就决定在热压时进行别的作业。把放在旁边的热压机放在眼前，即使是在作业台上正在作业，也能够马上得知热压是否结束。

另外，把蓄电池盒的主体部分放在热压机的夹具里后，用右手按开始按钮时，左手还按着蓄电池盒的主体部分，这是相当危险的，所以在左边也设置了按钮，只有用两只手同时按两个按钮时才能启动热压机。

丰田一直都在尽力确保安全生产，但是这需要不断留心避免事故、灾害发生的生产系统，并对其加以改善。

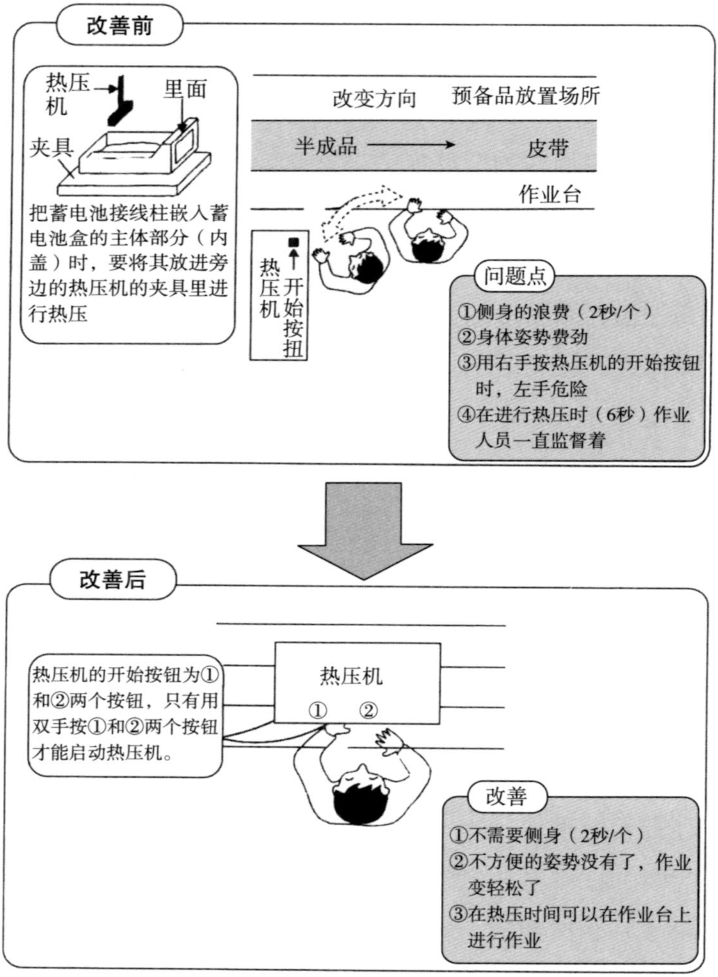

图 7-15　动作的浪费和待工的浪费的改善事例

15 丰田式 IE 是与经营直接相关的全公司的制造技术

IE 是仔细观察东西的技术。如果能够做到仔细观察，就能够发现以前不能发现的浪费，并对其进行改善。但是，正如有句谚语叫做“只见树木不见森林”，如果拘泥于细小的事物，就会看不到事物的本质，这样就没有意义了。

只有能够降低成本、增加利润的 IE 才是有意义的。在丰田叫做“盈利 IE”。在看细微之处的同时要认真考虑一下整体的平衡。

如本节的事例，如果对作业进行 IE 分析，产出速度（pitch time）就由原来的 49 秒变为现在的 25 秒，生产效率提高了 1 倍。如果每天工作 6 小时，生产出来的都是合格产品，在产出速度（pitch time）为 49 秒时每天可以生产 440 个产品，而当产出速度（pitch time）变为 25 秒时，每天就能够生产 864 个产品了。

如果每天顾客需求数量为 500 个，那么前者就需要加班，后者会因为生产过剩而产生库存。

另一方面，如果以生产节拍时间来思考的话，可以用 43.2 秒的节拍时间生产一个产品，但是因为用 25 秒就能够生产出来了，所以要尽可能地把工作集中到前道工序，实现省人化。

不能消除浪费的企业首先要像事例所示一样彻底追求生产线平衡，接下来要在生产中引进生产节拍时间的想法，这样，改善活动才能有序进行。

为了维持生产节拍，如图 7-17 所示在皮带输送机上斜着贴上纸带，以与生产节拍时间相吻合的传送速度传送产品就可以了。

改善前的产出速度（49 秒）和生产数量	改善后的产出速度（25 秒）和生产数量
（前提条件） 工作时间 6 个小时，产出产品均为合格产品 ①生产数量的计算 6 小时×60 分×60 秒＝21600 秒 21600 秒÷49 秒／个≈440 个 ②1 天的需求数量为 500 个时，需要再生产 60 个 ③生产节拍和工作的考虑方法 ・增加加班等生产时间	（前提条件） 工作时间 6 个小时，产出产品均为合格产品 ①生产数量的计算 6 小时×60 分×60 秒＝21600 秒 21600 秒÷25 秒／个＝864 个 ②1 天的需求数量为 500 个时，可以多生产出 364 个，会增加库存 ③生产节拍和工作的考虑方法 ・把工作分配到前道工序，就可以看见最终工序的等待状况 ・以减少最终工序的作业人员为目标 ・生产完 500 个后停止工作，实施培训

图 7-16　产生速度和生产节拍

工序	现状（问题点）	改善与构思
全部工序	半成品在皮带输送机上流动。 生产速度在很大程度上取决于第1道工序的作业人员的作业速度。 但是，产品在后道工序的皮带输送机上开始滞留，第1道工序的作业人员就会降低生产速度，进行调整，所以各道工序的生产线平衡状况的变动很大，会引起生产效率的低下。	斜着在皮带输送机上做记号，把半成品放在斜线之间，使皮带输送机的传送速度和产出速度相吻合。 

图 7-17　为了维持生产节拍

专栏 10

营业会议是现代的参勤交代吗

总公司进行商谈时，来自于全国各地的大约40个营业负责人都聚集到每月一次的例会中。会议在上午10点开始，一直到下午6点才结束。交通不方便的人，在前一天就赶来了。

因为有熟识的人，所以笔者就询问了一下会议的目的。听说这次会议的议题主要是报告销售状况、工作进展状况以及应对索赔的对策，除此以外不再讨论其他主题。

听总部的部长介绍，每个营业负责人的报告时间被定在10分钟左右。笔者说："为了10分钟左右的报告就把大家从全国各地召集过来，真是浪费时间啊。"他说："仅由被指定的10个人作报告，剩下的人只是提交一下月度报告书，并提出一些问题，阐述意见的也只是一部分人。"

我们把只是听一下其他营业负责人的报告就聚集起来产

生的浪费放到生产中去看一看。能够想到的有搬运的浪费（交通费、住宿费、移动时间）、停工等待的浪费（等待会议、听报告的时间）、加工本身的浪费（制订报告书、制订详细的预测日报）等。

所谓“生产过程中加工本身的浪费”，是指把与工序的进展状况和质量毫无关系的加工当做必要的加工，报告书详细记录了一些细小的事情，并认为这些东西都是必要的。

在IT技术突飞猛进的时代，要想了解销售进展情况和日报的内容，通过互联网就能及时地看到了。如果要召开会议，将所有的营业点连接起来，通过网上会议就能够进行画面交谈了。

在江户时代，众大名为了讨好德川家康，自发组织起来前往江户参勤，浪费了大量的时间和金钱。笔者认为营业会议就如同现代的参勤交代。

专栏 11

通过省人化实现无人接待

以前，在企业的入口处都会有 1~3 位前台人员。当没有顾客前来时，前台人员就环顾四周，相当于在生产中的监视作业，是“等待的浪费”中比较严重的一项。

其实，前台人员可以边等待顾客边办理业务，这相当于接待和事务工作的结合。

确实，当前台人员笑脸相迎时，会令人感觉很好。但是在现代的商务往来中，我们没有时间与其慢慢交谈。

现在，不设置前台人员的企业正在增加，这相当于排除不必要的工作。按照“目的追求的原则”，要抱有“为什么要这样做”的疑问。明确了目的，就会明白用其他的方法也可以做到，这样做只不过是因为实现了省人化。

无人接待多是因为联系内部的部署都是以电话形式来实

现的。前几天，有位女性在接电话时说：“我将向＊＊转告，请您稍等。”之后我等了5分钟还没有回复，只好又联系了一次。

原来我约定的对象在接紧急电话，手一直没有离开电话。但是如果之前那位女性在接到电话时说明“＊＊有急事正在接电话，请您稍等”的话，我心里多少会安慰一些。

因为是约定好了时间，所以对方应该准备好了。按照接待的步骤按一下键，就在入口处的屏幕上显示“＊＊先生，我们正在等着您，只是＊＊有急事抽不出身来，请您稍等一下，结束后马上与您联系”，这样的无人接待会令来访的客人心情愉悦。

定价：28.00 元

定价：36.00 元

定价：30.00 元

定价：32.00 元

定价：32.00 元

定价：32.00 元

定价：38.00 元

定价：26.00 元

定价：36.00 元

定价：22.00 元

定价：32.00 元

定价：36.00 元

更多本系列精品图书，敬请期待！

图书在版编目（CIP）数据

零浪费丰田生产方式 /（日）佃律志 著；滕永红 译. —北京：东方出版社，2013. 8
（精益制造；22）
ISBN 978-7-5060-6672-3

Ⅰ. ①零… Ⅱ. ①佃… ②滕… Ⅲ. ①丰田汽车公司—工业企业管理—研究
Ⅳ. ①F431. 364

中国版本图书馆 CIP 数据核字（2013）第 189092 号

精益制造 022：零浪费丰田生产方式
（JINGYI ZHIZAO 022：LINGLANGFEI FENGTIAN SHENGCHAN FANGSHI）

作　　者：［日］佃律志
译　　者：滕永红
责任编辑：崔雁行　高琛倩
出　　版：东方出版社
发　　行：人民东方出版传媒有限公司
地　　址：北京市西城区北三环中路 6 号
邮　　编：100120
印　　刷：北京文昌阁彩色印刷有限责任公司
版　　次：2013 年 9 月第 1 版
印　　次：2021 年 4 月第 6 次印刷
开　　本：880 毫米×1230 毫米　1/32
印　　张：8. 5
字　　数：177 千字
书　　号：ISBN 978-7-5060-6672-3
定　　价：36. 00 元
发行电话：（010）85924663　85924644　85924641